撰写司法鉴定报告：
精神卫生专业人员指南

Writing Forensic Reports

A Guide for Mental Health Professionals

[美]丹尼尔·P.格林菲尔德（Daniel P. Greenfield,MD,MPH,MS）

[美]杰克·A.戈特沙克（Jack A. Gottschalk,JD,MA,MSM）／著

胡纪念／译

中国政法大学出版社

2020·北京

The original English language work:

Writing Forensic Reports: A Guide for Mental Health Professionals

ISBN: 9780826121585

by Daniel P. Greenfield & Jack A. Gottschalk

has been published by:

Springer Publishing Company

New York, NY, USA

Copyright © 2009 Springer Publishing Company, LLC

All rights reserved.

版权登记号：图字 01-2020-5422 号

丹尼尔·P. 格林菲尔德（Daniel P. Greenfield），医学博士、公共卫生学硕士、理学硕士，是一名执业精神科医生，成瘾医学专家和预防医学专家。他曾就读于欧柏林学院、北卡罗来纳大学、伦敦大学、罗格斯大学和哈佛大学。除了临床和法医工作外，格林菲尔德博士还在阿尔伯特·爱因斯坦医学院任教，在那里他是蒙特菲奥雷医学中心（纽约布朗克斯）的主治医师，他还在塞顿·霍尔大学任教，是新泽西州神经科学研究所/肯尼迪国际医学中心（新泽西州南奥兰治和爱迪生）的神经科学（精神病学）临床教授。格林菲尔德博士在学术、商业、社区、法庭、政府、专业论坛以及电视和广播等领域就其背景、培训和专业知识进行了演讲、发表和作证。

杰克·A. 戈特沙克（Jack A. Gottschalk），法学硕士、文学硕士、管理专业理学硕士，是畅销书作家，也是电视和广播的常客。他是一名律师和前检察官，曾出现在法院电视台上，并担任有线电视节目"法言法语"的主持人。除了写作和电视节目外，戈特沙克教授还出现在社区，企业和学术界的听众面前，包括美国海军战争学院和西北大学梅迪尔新闻学院。他拥有法学学位和管理与国际关系专业硕士学位，并在哥伦比亚大学从事研究生工作，是西顿霍尔大学商学院的兼职教员。

丹尼尔·P. 格林菲尔德，医学博士、公共卫生学硕士、理学硕士，将这本书献给父母，他们会阅读它并喜欢上它的。献给他的妻子、孩子及家人，他们会阅读这本书的章节，可能会喜欢上它。给他的哥哥、嫂子、他们的孩子和家人，他们认为这本书的构思很"巧妙"；给他的孙女阿尔玛，她还太年幼无法立即阅读这本书，但她会长大的。

杰克·A. 戈特沙克，法学硕士、文学硕士、管理专业理学硕士，将这本书献给他们的母亲，贝弗利（Beverly）和米斯蒂（Misty）。

前　言

　　在早期，律师、陪审团和法官可以依靠他们的常识来审理刑事和民事案件。现在情况不再是这样。正如他们在《撰写司法鉴定报告——精神卫生专业人员指南》中所描述的，丹尼尔·P. 格林菲尔德教授和杰克·A. 戈特沙克教授探讨了众多学科中的一个学科（精神病学），其中采用了司法技术来协助法律从业者和法院。

　　美国联邦法院和州法院已制定专家意见被采信或者不能被采信作为证据的规则。《联邦证据规则》第702条规定，如果"专门知识"有助于事实裁判者理解证据或确定有争议的事实，则通过知识、技能、经验、培训或教育而具备专家资格的证人可以以意见或其他形式作证。

　　美国最高法院已要求联邦审判法院在根据上述第702条［多伯特诉梅里尔·道制药公司（1993年）一案］确定专家证词的可采性时行使守门人职能。法院必须仔细审查专家提出的证词，以确保：第一，专家是有资格的，也就是说，他确实是当事人期待报告或作证领域的专家；第二，专家形成意见的过程或技术是可靠的，也就是说，专家形成意见的过程或技术是基于科学的方法和程序，而不是基于主观信念或未被支持的推测。

　　法院明确了许多标准，通过这些标准可以判断专家的资格和意见的可靠性。尽管表达方式不同，但联邦的州法院也适用类似的规则。

通常，律师或法官首先是通过专家的报告全面了解专家的意见。格林菲尔德和戈特沙克正是在这一点上探讨法医精神科医生的作用，为如何准备有效的精神病学司法鉴定报告提供建议。笔者假定这些报告的编写者是具备资格的精神病医生或其他精神卫生专家，并且他们假定这些意见也是基于公认的精神病学原则。本书的目的在于指导如何有效传达这些意见及其理由。

怎么强调心理学/精神病学因素在解决广泛的法律问题中所起的作用都不过分。这本书是撰写司法鉴定报告的指南，这些报告可能会影响个人的生命和财产，社会的安全也往往取决于这些报告。在将近26年的私人执业经历和28年的联邦法院审判法官任职期间，我曾经依据数百份此类司法鉴定报告作审判。用一个示例说明格林菲尔德和戈特沙克阐述的三个时间范围。

一名年轻男子进入迪克斯堡，用刀将他母亲（陆军中士）的内脏剜出。精神病学司法鉴定报告涉及（1）过去：是什么使这位被告变成今天这样，是否属于因精神错乱而无罪？（政府和辩护方精神科医生认定他属于因精神错乱而无罪）；（2）现在：此人是否应被民事拘禁？（不出意外，政府和辩护方精神科医生建议采取民事拘禁）；（3）未来：对此人的精神科治疗能否使他安全地被释放到中途之家或社区？（不同时间的精神病学司法鉴定报告的建议有所不同。）

正如作者所解释的那样，"'司法'（forensic）一词的意思是指包括有助于法院或'法庭'的信息，或是'正义论坛'。"本书提供了许多涉及法医精神病学的刑事和民事问题案例，这对法院十分有用，但其更主要的贡献是它的指导意见，即应以何种方式撰写民事和刑事法医精神病学司法鉴定报告，使其清晰易懂。以例举的方式，本书包含了许多刑事和民事案件司法鉴定报告。如果能普遍采用这些形式，将极大地便利律师和法官的工作，并减轻法官的守门人职能。

最令人感兴趣的是本书中所包含的许多刑事和民事精神病学司法鉴定报告的摘要和意见。它们之所以具有启发性，是因为它们说明了法医精神病学必须解决的广泛主题。在刑事领域，这包括精神错乱、受审能力、再次发生性犯罪的风险和中毒（醉酒）的辩护。在民事领域，法医精神病学涉及以下几方面的问题：恢复工作的能力、抑郁症、创伤后应激障碍、对工作场所构成危险、精神病的适当治疗、性犯罪再犯预测、处理事务的能力、订立遗嘱能力、进行职业工作的能力和合同胁迫等。

这些摘要信息量很大，它们之所以极具吸引力，因为它们不仅展示了法医精神科医生必须解决的问题的范围，还因为它们激发了读者来思考自己是否会得出与案例中相同意见的想法。每个例子都非常简要地总结了所提出的问题，然后阐述了精神科医生的意见。当然，摘要仅提供了最基本的信息，而意见并非仅基于如此有限的基础。但是，在许多情况下，读者可能会喜欢判决书中的观点。

尽管法医精神科医生和其他精神卫生专家是本书的主要受益者，但律师和法官也将从中受益。

美国司法部高级专员

狄金森·德贝沃瓦斯

新泽西州 纽瓦克

2008 年 6 月

序

在《剑桥英语百科全书》（1995 年）的第 1 章（"模范英语"）中，作者戴维·克里斯特尔（David Crystal）教授对"为什么要学习英语？"这一问题给出了六个理由："因为它很有趣……重要……好玩……美丽……有用……它的存在"（《剑桥英语百科全书》，1995 年，第 3 页）。

我们认为，所有这些理由均适用于本书（撰写有效的法医精神卫生专家报告），原因如下：

1. "因为它很重要。"正如美国司法部高级专员狄金森·R.德贝沃瓦斯（Dickinson R. Debevoise）在本书前言中指出的那样，"通常，律师或法官首先是通过专家的报告全面了解专家的意见。"鉴于这一事实，以及初次印象是持久的，并且鉴于法医报告在辩护和达成案件解决方案方面的潜在作用，其重要，这些报告应该结构完整、理由充分、表述清楚。

2. "因为它很有趣。"两位笔者多年来都无数次地跟朋友和同事说过，我们"这些故事不是编造的。我们编不出来。它们太奇怪了……真相比小说更奇怪。"许多故事——本书中介绍的案件的历史背景——引人入胜，并因为其真实性而更加有借鉴意义。

3. "因为它很好玩。""因为它很有趣"的同时，对于喜欢写作的法医精神卫生专家（无论是精神科医生、心理学家还是任何其他人）来说，以书面形式记录专家在咨询具体案件时得知的有趣故事，对咨询不仅至关重要，而且好玩、有用。如后文所述。

4. "因为它很有用。"律师经常说："如果没有书面记录，那就是没有发生，"正如史前学者和历史学家指出的那样，书写记录使人类能够世代相传，而不必每30年左右重新一次轮回（菲尔德，2004年）。从法医精神卫生专家在法律案件中的角色来看，主要是汇总信息和整理思维并有说服力地展示它们，这样做不仅提供了可能有用的辩护工具，也有助于律师和专家（在审判、作证或听证中）准备证言。

5. "因为它很美丽。"尽管将任何一份法医学报告与莎士比亚或海明威的文学作品相提并论有些牵强，但好的报告当然应该讲一个好故事，并且很可能是以后创作精美文学作品的基础。的确，对于本书，笔者希望读者能发现这些故事有趣而引人入胜，即便不是很美丽。

6. "因为它的存在。"最后，实践中，许多司法管辖区和场合需要法医专家的书面报告，即专家的所见、印象和意见作为诉讼过程的一部分。专家可能不想写这样的报告，并且可能更喜欢诉讼过程的其他方面，例如作证。但是通常，如果未形成诉讼记录的书面报告，专家可能就没有参与其中。司法鉴定报告是诉讼过程中不可或缺的一部分。

我们已将此书作为手册来编写，通过书中的报告和报告所包含的多个案例，来协助初学者、有一定经验的以及有丰富经验的法医精神卫生从业人员撰写法医专家报告。

在本书的第1章（"司法鉴定报告的重要性"）中，由于认识到此类报告是而且应该是以临床为基础的，为能撰写清晰、详细和有说服力的报告，我们阐述了本书的结构思路。我们还采用了刑事和民事案件的分类法，在这些案件中，可能会聘请法医精神卫生专家进行咨询。我们确信，有说服力的法医专家报告在专家咨询的过程中会起作用，可能是在开始（在刑事案件的预起诉阶段、刑事和民事案件的预审阶段律师之间的谈判），可能是在咨询结束（在听证会或庭审中作证），或介于两者之间的任何地方（例如在作证时）。我们将专家的书面报告和诉讼律师的审判笔记本作了类比。后者是记录、材料和文件的集合，并附有评论，指导律师在审判的各个阶段使用。专家的书面报告是帮助作证专家组织证言，并跟踪记录材料和其他在作证期间可能需要参考的文件的有效方法。

第2章（"司法鉴定报告与法律"）简述了与法医精神卫生专家有关的英美普通法的历史、目标和（最重要的）证据法学等方面。本章并非旨在作为"西方法律概论"或"您在美国三年制法学院中学到的所有知识"的总结之类的东西，而只是对在诉讼程序中，与使用由合格的精神卫生专业人员提出的法医精神病学/心理学信息、输入信息和意见有关的原理和使用范围，进行简要讨论。就任何具体案件读者应咨询律师（始终强烈建议）和（或）查阅法律和法医论文、测试、期刊等（例如列于本书的附录B1、B2和B3中的内容）以扩展本章所介绍的基本法律概念相关知识。

第3章采用第1章中建议的格式，提供了多份完整的真实的刑事案件鉴定报告，出于隐私和保密目的对它们进行了虚构化和编辑，以说明第1章中提出和讨论的要点。我们将引导读者完成这些报告的各个步骤和部分，并在完整的报告背景下对每个部分进行讨论。对于每个案例，我们都以法医精神卫生专家鉴定意见的"总结和意见"作为结尾。按照报告的时间顺序和流程，法医专家、律师和法院在专家参与案件的各个阶段中，包括审前和诉讼中（如果案件进行到此阶段的话），都可以准确有效地理解专家的所见、印象和意见。我们在每个完整的案例报告的开始进行案例概述，使读者了解该案例的显著特征，在每个完整案例报告的结尾处添加评论，以回顾报告中从法医精神卫生角度审查提出的要点。

继第3章（"完整的刑事案件鉴定报告"）之后，第4章（"刑事案件鉴定报告摘要"）给出了一系列经过删节和虚构的法医精神病学/心理报告的"摘要和意见"，涉及刑法中诸如限定刑事责任（法律性精神错乱、限定刑事责任能力、醉酒）、受审能力等主题。这些讨论是表1.2（"作为法医心理健康鉴定和报告主题的刑事问题"）中介绍的刑法精神病学鉴定事项的重点。

接下来，在第5章（"完整的民事案件鉴定报告"）中，我们也提供了多份虚构和改编的真实案件的完整民事案件鉴定报告，并说明了第1章中提出和讨论的要点。与第3章一样，对于每份完整报告，我们都提供了案例概述，引导读者阅读报告的各个步骤和部分，并讨论这些步骤和部分；以法医精神科医生鉴定的"总结和意见"作为报告的结束；并对法医精神卫生专家的要点和观点进行评论。与第3章中的犯罪报告一样，按照报告的时间顺序和流程，法医专家、律师和法院都可以有效、准确地理解鉴定专家在参与工作的各个阶段，包括审前和审判中（同样，如果案件进行到这个阶段的话）的所见、印象和意见。

与第4章中的刑事案件鉴定事项一样，第6章（"民事案件鉴定报告摘要"）也提供了一系列经过修订和虚构的法医精神卫生专家报告的摘要和意见。这些报告涉及民事领域的主题，例如职业责任（医疗事故）、人身伤害和工作场所性骚扰事件中的精神伤害，处理个人事务的民事能力以及经常需要法医精神卫生专家评估的其他民事案件鉴定事项。与第4章一样，这些讨论是第 1 章表 1.3（"作为法医心理健康评估和报告主题的民事问题"）中给出的民事精神病学鉴定事项的重点。

最后，第 7 章是本书的结语。在其中，我们重申本书中论述的基本原理和重点领域，强调书面鉴定报告在法医精神卫生实践的许多方面以及法医精神卫生专家的相关法医精神卫生实践中的重要性。

本书的几个附录包括：（a）本书中使用的法医精神卫生实践中主要词汇首字母缩略语表（附录 A）；（b）四个附录（B1、B2、B3 和 B4）中列出的四组参考资料和建议，供法医精神卫生领域进一步阅读使用：（i）法医精神卫生方面的书籍和专著；（ii）该领域的精选期刊；（iii）该领域的互联网资源；以及（iv）精选的有关法医精神卫生实践报告撰写的专业参考文献；（c）标题为"法医精神健康评估中的测试、清单、调查以及其他此类评估工具的使用"的附录 C，讨论了本书中许多案例和报告中使用的评估工具。

丹尼尔·P. 格林菲尔德（医学博士、公共卫生学硕士、
理学硕士）
杰克·A. 戈特沙克（法学硕士、文学硕士、管理专业
理学硕士）
新泽西州 米尔伯恩
2008 年 6 月

参考文献

Crystal, D. (1995). *The Cambridge encyclopedia of the English language.* Cambridge: Cambridge University Press.

Feder, K. L. (2004). *The past in perspective: An introduction to human prehistory* (3rd ed.). New York: McGraw-Hill.

致　谢

　　两位作者感谢多年来朋友和同事的帮助和鼓励，内容太多了，无法一一列出。格林菲尔德博士特别感谢他的学生、同事、朋友、律师、法官，以及评定人员，这些年来，他们委托其鉴定案件并向他咨询或提供建议，还有感谢许多多年来接受他鉴定并有时接受治疗的人，他们共同组成了这本书的经验数据库。

　　两位作者感谢德贝沃斯（Debevoise）法官为本书所作的见解深刻的序；感谢施普林格出版公司［尤其是高级副总裁谢里·萨斯曼（Sheri Sussman），在出版过程中她一直严谨但又从实际出发，因而令人愉快，以及她的助手德博拉·吉辛格（Deborah Gissinger）］将这本书从构想转变为现实；并感谢塔拉·勒加茨（Tara LeGates），她是格林菲尔德博士主要手稿的打字员，将这本书的文字打印了下来。

译者序

精神病司法鉴定报告是鉴定人的产品，其质量至关重要。事关被鉴定人的生命和财产，事关司法公正、社会公平正义。

提高和保证司法鉴定报告的质量和公信力是一个系统工程。包括鉴定人的教育、培训、准入，鉴定机构和鉴定人的管理，鉴定的实施程序，鉴定意见的审查和采信机制，等等。其中，司法鉴定报告的撰写无疑是极为重要和关键的一环。

如何写好司法鉴定报告是鉴定人的必修课。对此，有关部门出台的鉴定文书规范为我国司法鉴定报告的撰写原则和司法鉴定报告的格式提供了规范等。这类规范更多规范的是司法鉴定报告的形式，而且是面向所有司法鉴定的，而不是针对精神病司法鉴定的。

国内的一些专家学者，例如李丛培、郑瞻培、纪术茂等在各自的专著中论述了如何做好精神病司法鉴定，如何收集鉴定材料、提炼和组织鉴定依据、形成具有严密逻辑性和说服力的鉴定意见，如何撰写合格、优秀的司法鉴定报告。但英美法系国家的精神病司法鉴定报告国内同仁尚很少接触。

虽然法系不同，但撰写、制作司法鉴定报告的核心目的、宗旨是一致的，都是以精神病学专业知识为司法（公正）服务。因此，英美法系下，精神病司法鉴定报告的撰写思路原则与我国应是一致的，他们的司法鉴定报告对我们的专业人员撰写报告及相关人员审查和使用报告应具有重要借鉴价值。因此我一直在寻找国外同行的司法鉴定报告以作为参考。

最初是想了解在英美法系中精神病司法鉴定报告是如何处理一些具体问题的，例如：在精神错乱辩护中，报告是怎样出具鉴定意见的。具体而言，近年来，有声音呼吁，鉴定人不应评定刑事责任能力，这是法官的工作。原因大致有二：一是对刑法的"正确理解"，二是援引美国在《联邦证据规则》下精神病司法鉴定报告的做法。

虽然曾查阅相关资料，也曾在国际会议的场合和美国的同行交流过《联邦证据规则》下精神病司法鉴定报告如何出具关于刑事责任能力的意见的问题，得知总的来说由于各州法律不同，处理方式不尽一致。但总想获得他们的实际司法鉴定报告以作为实证。

看到这本书我非常高兴。笔者是经验丰富的鉴定专家，提供的是真实案件的司法鉴定报告的完整全文。因而让我们知道了美国精神病司法鉴定报告长什么样。书中的多个案例都涉及"因精神错乱而无罪（NGRI）"辩护的精神病司法鉴定，让我们了解到美国司法鉴定报告究竟是否出具关于刑事责任能力这一"终极问题"的专家意见。如果出具的话，是如何表述的。

本书提供了4个刑事案件和4个民事案件的完整的精神病司法鉴定报告。其中所体现的鉴定材料的收集、组织方法，涉案行为与精神状态之间关系的分析等对于专业人员很有启发。例如，在其中的一个案例中，鉴定人运用人体酒精代谢规律，推导出被鉴定人案发时的血液酒精浓度，论证了被鉴定人在案发时处于醉酒状态，不能理性地思考，不能抵抗冲动。国内对此类案件则仅作"普通醉酒""复杂性醉酒"之类的诊断。

本书的"鉴定报告"部分提供了20个刑事案件和23个民事案件的精神病司法鉴定意见书的摘要。虽然只是司法鉴定报告的摘要，但提 供了大量不同类型案件的实例，从中我们可以了解到，在英美法系下，精神病鉴定项目所涉及的范围以及相应的鉴定意见。与之对比，可以发现有一些鉴定项目美国有而我国没有的，例如，美国的性暴力精神病犯的再犯风险评估等项目。

从本书的报告中可以看出英美国家的"专家证人"制度与我国的"鉴定人"制度的差异。本书中所有的司法鉴定报告都是由"一名专家证人"出具的，而不是像我国"两名以上鉴定人"实施鉴定并共同出具报告。有观点认为，两名以上鉴定人共同鉴定并出具报告，是对鉴定人中立性的程序保障措施，也是对鉴定科学性（知识性）的程序性保障。两种鉴定制度，不好说孰优孰劣，只能说各有长短，是与各自的法律体系，以及由此决定的诉讼制度、证据制度相适应、相配套的。读者在阅读时需要注意以上鉴定制度的差异对精神病鉴定的实施及司法鉴定报告撰写的影响。

尽管美国的精神病司法鉴定与我国有很多差异，但不论是哪种，精神病司法鉴定作为司法鉴定的门类之一，是为法治服务的。这就决定了撰写司法鉴定报告的基本原则和方法是一致的。本书中提出的司法鉴定报告的撰写思路，鉴定材料的组织原则等对于如何写好鉴定意见书、如何做好鉴定工作，很有参考和借鉴价值。

由于水平有限，难免有翻译错误之处，欢迎批评指正。

胡纪念

2020 年 8 月 20 日

目录

第一部分 绪 论

第一部分 鉴定报告

第三部分　结　语

第一部分 绪 论

第❶章
司法鉴定报告的重要性

为什么要读（或写）一本专门关于司法鉴定报告撰写的书？

鉴定报告是法医（与临床不同）精神卫生实践创建的两个主要产品之一，一般包含了对承办案件的个人或项目的评估。另一个产品（基本不像书面报告那样普遍）是在审判、听证或作证环节的现场作证或录像作证。这些将在后文进一步讨论。

书面报告，进行评估的（法医）精神卫生专业人员（通常是精神科医生、心理学家或社会工笔者）通常必须就鉴定事项中关于法医精神病学/神经精神病学/成瘾医学/其他与精神疾病的相关问题撰写书面意见报告。就法医从业人员对案件的参与而言，鉴定报告是至关重要的要素。相比之下，对于诸如临床外科医生而言，相对于外科手术程序和治疗本身，手术报告和出院摘要是次要的。即便如此，这些报告对于记录、统计法医学用途来说也是必需的，并且（根据我们的经验）大多数被要求必须撰写报告的外科医生认为这些报告是必不可少的。

对于精神卫生专业人员来说，报告也很重要，因为在法医咨询方面必须处理大量不同的案件。这些案件在数量和种类上显然比其他医学专业要多得多，涉及精神状态、动机、情绪状态和其他心理/精神因素等多种问题。

例如，在刑事案件中，通常要求法医精神卫生临床医生说明被指控罪犯的内心问题（犯罪意图），即被鉴定人在三个时间范围（过去、现在和未来）中的一个（或多个）中的精神病学/神经精神病学/成瘾医学方面的状况。对这些时间范围的讨论如下：

1. 过去：探讨此时间范围，以了解有哪些减轻被告人刑事责任的辩护（止于犯罪时）可能适用于被告，如法律性精神错乱、限定刑事责任能力、醉酒或其他衍变情况。此外，在刑事法医精神卫生鉴定中，可能提出以下问题，即被指控罪犯在首次受到执法人员讯问时是否有能力放弃《宪法第五修正案》规定的免于自我入罪的宪法权利（米兰达权利）。

2. 目前：此时间范围与被鉴定人参与法律程序有关，即审前动议、审判、辩诉谈判及正在进行中的相关事宜。在这一时间范围内，诸如受审能力或诉讼能力、确定潜在危险性等问题是主要考虑的因素。

3. 未来：刑事案件结案后，例如，在确定被告人因精神错乱而无罪之后，经常会提出已决犯的"未来危险性"问题。此时，必须考虑此人该如何安置的问题。根据罪犯所实施的犯罪危险程度，所犯之罪危险程度高的罪犯可能要被安置在高度限制和安全的环境中，例如高度安全的精神病医院。对于被认定为性暴力犯罪者或性危险者（在完成性犯罪的刑期之后）而被民事拘禁的人，其"可能"或"极有可能"再次性侵犯的危险性评估，是法医精神卫生专业人员经常被要求解决的未来危险性问题的一个例子。解决这个问题当然需要对其进行民事拘禁以进行治疗并与社会隔离。

表1.1以图表方式展示了刑事案件中的这些时间范围以及相关的法医精神病学/神经精神病学/成瘾医学鉴定。

关于民事案件，根据我们的经验，法医精神卫生鉴定通常涉及两个领域，在这两个领域中，有关被鉴定人的精神状态（精神病学/神经精神病学/成瘾医学状况）的推论与当前案件有关。
这些主要对应于刑法的过去和现在的时间范围，包括以下事项：

1.1 刑事司法精神病学鉴定的时间范围		
过去	现在	未来[a]
在调查时	受审能力	受审能力 危险性
法律精神错乱	民事拘禁（目前危险性）	民事拘禁 （非自愿住精神病院治疗）
限定刑事责任能力	性罪犯	性罪犯民事拘禁 （性暴力犯罪者/性危险者）
中毒（醉酒）	民事拘禁（非自愿住院）	性犯罪者门诊登记 （"梅根法"）
其他委员会		门诊民事监禁 （纽约"肯德拉法"）
在犯罪时 放弃"米兰达权利"		
[a]关于"合理的可预见的未来"。新泽西州约 35 名高级法院法官之间的未公布共识（2006 年 11 月 21 日进行的非正式调查）同意了数周至数月的时间范围，而其他关于"合理的可预见的未来"标准的时间范围为几天到几周或几个月到几年。而本书的笔者，35 名投票的高级法院法官以及许多其他研究来源均没有为该标准定义更具体的时间范围。		

　　（a）过去：在签订合同、同意采用介入性医疗、订立遗嘱
或从事需要认知能力、以知情和了解的方式进行的活动之时；
（b）现在和将来：在个人进行心理健康评估之时，就该人对身
体或心理伤害的反应而言（例如由于汽车交通事故或滑倒事故；
性骚扰事件或被不当解雇；在有毒的工作场所暴露等，仅举几
个例子）。

在某些情况下，同一案件的刑事和民事方面可能是与同一事实和情况有关的不同事项中的问题。例如，在著名的加利福尼亚州诉 O. J. 辛普森案（California v. O. J. Simpson）中，使用了适用于刑事案件的"排除合理怀疑"证明标准（大约为95%）认定辛普森无罪，该举证责任由州承担。但是，在后来的民事诉讼中基于相同的事实，陪审团使用较低的"证据优势"证明标准（一种民事证明标准，大约为51%），裁定辛普森对民事指控承担责任，举证责任也应由原告承担。

一旦法医精神卫生专业人士的报告完成，律师或法院可在谈判中将其作为不同类型的动议依据，或者在作证、听证或审判中作为专业人士作证的基础。在前两种情况下，合理的、有说服力的书面报告在谈判和动议实践过程中非常有用。在最后一种情况下，专业人士的报告作为作证指南以及已查阅记录的参考很有用。鉴定报告的结构以及报告中的这些元素将在本章稍后进行详细讨论。

主题

将可能成为法医精神健康评估和报告主题的法医问题的性质和类型的要点综合在一起，表 1.2 和表 1.3 分别列出了刑事案件和民事案件中所涉及的法律问题的主题以及这些问题的示例。

1.2 作为法医心理健康鉴定和报告主题的刑事问题
传统的减轻刑事责任的精神病辩护： ·法律性精神错乱 ·限定刑事责任能力 ·中毒（醉酒） ·不可抗拒的冲动

续表

1.2 作为法医心理健康鉴定和报告主题的刑事问题
性犯罪 ·性犯罪 ·性暴力捕食者/性危险者 ·社区通知（梅根法登记人） 家庭暴力 诈病 纵火案 受审/诉讼能力 减刑问题（死刑） 挪用公款 受虐妇女（配偶）综合征（综合征证据病例） 暂时意识丧失 虐待老人 未来危险性 ·宪法权利（米兰达权利）放弃 ·减轻处罚（联邦量刑指南） ·自杀 ·移送（放弃；青少年有关的移交问题）

1.3 作为法医心理健康鉴定和报告主题的民事问题
·就业法（性骚扰；歧视；其他） ·人身伤害（包括性虐待） ·职业责任（医疗事故） ·精神卫生法（民事拘禁，包括性暴力捕食者/性危险者在内的） ·有毒物质接触 ·职业法规 ·遗嘱效力争议 ·德拉姆商店责任 ·能力（民事） ·离婚 ·监护和探望

所有这些类型评估的共同点在于对犯下（或可能犯下）罪行，或因民事、刑事或家事法律事务而卷入创伤事件的个人的精神方面进行评估。这些方面可能又与表 1.1 所列的涉及刑事、民事或两者重叠范围内的问题时个人在三个不同时间范围的精神状态（认知能力、情绪状态、动机或其他此类精神/心理因素）有关。

本书的结构

在 20 多年的精神病学实践中，该书的第一笔者（格林菲尔德博士）被聘请为数百名涉及法律事务的个人进行过鉴定，对他们几乎都进行了检查，对他检查过的人几乎都撰写了详细的报告，并为其中的许多案件作证（在审判、听证或作证中）。无论在鉴定人员的证言被采信之前这些案件是否已结案，鉴定报告在这些案件中的重要性都不能低估。

根据我们的经验，尽管在司法精神卫生方面有大量的技术文献，但缺少专门针对撰写清晰且有说服力的司法鉴定报告的实用材料。为了解决司法精神卫生实践这一重要方面的材料匮乏问题，我们编写了本书以作为实用手册，用于指导撰写清晰、有用和有说服力的司法精神卫生报告。

我们将本书分为四个主要部分：

1. 在第一部分中，我们介绍了有关精神卫生评估报告的性质和范围，以及法律的基本信息。我们特别想为本书的读者提供法医精神卫生问题的原理、实践以及法律的概述，这些读者是接受了不同水平培训和不同经验丰富程度的精神卫生专业人员。

2. 本书的第二部分，从第 3 章开始，我们将提供多份刑事案件鉴定报告的全文，这些报告说明了可以进行法医精神卫生鉴定的几类刑事问题。每个报告之前都有简短的案例概述，以概括案例并描述其显著特征。然后，我们将引导读者逐步阅读报告的各个部分，展示如何撰写报告的各个部分以及如何在报告中呈现鉴定人的专业意见（第 3 章）。我们以案例分析和结果，以及对案例的法庭证据方面的讨论来结束每份报告。该分析旨在向读者传达该报告如何帮助解决该案件。

在第 4 章中，我们将展现根据实际报告的摘要和意见（表1.4）部分总结的报告示例，这些示例与表 1.2 中列出的案例类型相对应。

在刑事案件报告摘要之后，我们继续本书第二部分的形式：通过提供几份完整的民事案件鉴定报告，展示报告是如何一步一步地撰写的（第 5 章）。就像刑事案件鉴定报告一章（第 3 章）一样，每个案例之前都有案例概述，然后是案例分析和结果。

在第 6 章中，我们提供了一些示例报告，这些示例报告是根据实际报告的"总结和意见"（表 1.4）部分总结的，与表1.3 中列出的案例类型相对应。

3. 在第三部分即结论中，我们重申了在前文中提出的许多需要重复和加强的要点。这些要点包括明确阐述、罗列或描述要在评估和报告中解决的法医精神卫生问题的实践要点；以清晰、直接、简洁的方式撰写报告；避免使用专业术语和心理吃语；以及其他类似的实用要点。

4. 在本书的最后一部分中，我们提供了三个附录来补充本书正文中的内容。这些附录是：

A：词汇表

B：参考文献

①：书籍和专著

②：期刊

③：互联网资源

④：有关司法鉴定报告性质、范围、目的及撰写的补充材料

C：评估工具讨论部分讨论经常使用的心理、化学物质依赖性以及相关的测试、清单、调查以及法医心理健康实践中使用的其他此类工具

我们认识到，精神卫生专业人员使用的词汇和首字母缩略词会令人感到困惑，尤其是对于那些不熟悉它们的人。为了便于读者阅读，词汇表（附录 A）定义了常用的缩写词。

报告

接下来将按顺序介绍本书展示的鉴定报告的形式。

本书中大多数报告的格式均来源于临床报告的格式，例如医院出院记录，其中，被鉴定人以临床病例的形式呈现：从识别信息（包括要解决的法医问题）开始呈现，依次为临床病史、精神状态/精神病学检查（包括测试）、再到诊断与鉴别诊断、最后是对鉴定人所提出的法医心理健康意见的讨论。这些意见是针对之前在报告中提出的法医问题而提出的。表 1.4 总结了这种格式。（我们在这里指的是那些涉及对活人进行临床评估的报告，显然不涉及遗嘱效力争议评估或其他警告程序，不一定涉及德拉姆商店的案件。）附录 B4 提供了专门关于撰写法医报告的参考文献和文章。

在本书中，8 个完整报告均使用相同的格式。这种格式包括：（a）通过案件摘要（案件概述）和报告中所阐明的法医精神卫生问题对报告进行简要介绍；（b）完整报告本身，按照表 1.4 所述的完整或经修改的基于临床的格式；（c）在每份完整报告之后进行评论，回顾并强调报告中提出和解决的司法精神

病学问题。

1.4 司法鉴定报告的格式

Ⅰ. 简介（鉴定事项；已审查的资料）

Ⅱ. 历史（既往史；司法事件及其后果的历史；家族史）

Ⅲ. 精神状态/精神科检查（包括心理/化学物质依赖测试）

Ⅳ. 临床诊断印象（按照《精神障碍诊断和统计手册，第四版，文本修订版》或《精神疾病诊断和统计手册，第四版，文本修订版》格式）

Ⅴ. 总结和意见（对鉴定事项的答复；精神病学/心理学/神经精神病学/成瘾医学的意见）

与律师沟通的基本技巧

在此，我们列出了本书笔者在实践和协作过程中发展出的一系列实用要点。我们将在整本书中定期引用这些要点，并在本书的结论部分再次对它们进行强调。

我们认为，这些要点的重要性在于，如果法医精神卫生从业人员、律师以及聘请这些从业人员的法院认真、始终如一地遵循这些要点，那么这些群体之间的互动、沟通和合作将变得容易、多产、高效和和谐。这些要点包括：

1. 与参与案件的其他专业人员保持联系。根据我们的经验，很少有"厨师过多，破坏肉汤"的事。持续的专业合作与交流永远是加分的。

2. 始终准备好倾听其他观点。没有人能垄断知识。知识、新视角和新观点的获得，专家、聘请的律师和法院之间进行的互动，都是受鼓励的。

3. 要专心。专注于手头的主题。尽管当前推崇多任务处理，但其价值并不总是实用的或专业的。对于法医精神卫生从业人员，必须仅关注一个重点，即被评估的人以及该评估中提出的法医精神卫生问题。

4. 避免不必要的延误，并对所发生的延误承担责任。必须准时赴约，认真谨慎地提供报告，并履行所有其他职责。但是，坏事的确会发生。当它们发生时，要接受并从中吸取教训。

5. 清晰沟通。避免不必要的术语使沟通模糊。考虑目标受众将如何感知和接收您的交流，即使受众仅仅是一个人。使消息简单，尽可能减少误解和混淆。

6. 及时回复电话和相关通讯。要知道，当有人打电话给您，给您发送电子邮件或通过其他方式与您通信时，他是认为这样做很重要且必要的。在合理的范围内，应尽可能缩小通讯间隔，尽快回复。如果您不喜欢某种特定的交流方式（例如电子邮件），请在开始专业关系时向他人明确您的交流特点，并也尝试适应对方的交流特点。

7. 时间很宝贵，不要浪费。时间管理是一种技巧，对某些人而言比对其他人更容易。浪费时间会浪费资源，包括您自己和专业领域中其他人的。花一些精力学习管理它。

结论

我们以两个告诫结束本介绍性章节。

首先，本书旨在成为一本实用的、关于撰写清晰而有说服力的法医精神健康报告的案头参考书。它不是作为该主题的学术论文或技术论文而编写的。为了满足读者对法医精神卫生问题的更多理论和技术信息的需求，附录 B1～B4 列出了笔者多年来发现的有用且信息丰富的文章、书籍和互联网站点。请读者参考这些资料，以获取更多本书的案例中所提出的问题的信息。除此之外，我们没有引用特定的参考文献、案例或其他与特定案例和问题相关的文献。

　　其次，我们承认法医精神健康报告可以通过许多不同方式来有效、有用地编写。这里，我们通过回顾一系列特定的法医精神病学鉴定报告示例，提供一种法医精神卫生报告的撰写方法。我们无意暗示这些报告示例是撰写法医精神健康报告的唯一方法。相反，我们确实认为这些报告示例反映了一种有效、有用且经过实践检验的方法，可以处理法医精神卫生实践这一基本方面，并撰写清晰且令人信服的报告。附录 B4 列出了一些讨论撰写法医精神健康报告的文章和参考资料。

　　向读者传达心理健康专家书面报告在法医学领域的重要性，以及帮助读者撰写清晰且令人信服的报告是我们这本书的两个主要目标。

第❷章
司法鉴定报告与法律

法医精神病学报告的主要目的是为解决刑事和民事案件提供帮助。本章探讨和审查了这些报告旨在服务的某些法律要素。显然，正如阅读有关医学的知识不能等同于实际的医疗实践，这些信息也不能替代法律课程。但是，本章将为社会工笔者、精神卫生专业人员和其他需要了解法律及从事相关法律活动的人提供有价值的信息。

我们从探讨"法庭的"（forensic）的定义开始，探讨比准确地定义要容易。从广义和历史意义上讲，"法庭的"一词意指有助于法院的或正义论坛的。尽管这种理解仍然是正确的，但该词现在适用于特定学科，包括法务会计、法医学、法人类学，以及几乎任何其他可想到的适用于法律问题的专业。法医精神病学作为法医学的一个分支，在本书中是我们的目标。

当然，医学通常在法庭上起着主要作用，（在公众眼中）最受认可的角色可能就是确定凶杀案中受害者死亡原因的法医。

相比之下，法医精神卫生从业人员被要求进行基于临床的评估，撰写报告，并（通常）提供有关刑事案件中被告的精神状态的专家证言。在民事法律事务中，法医精神科医生的职责也许不是那么引人注目（取决于案件），但同样很重要，诸如民事行为能力鉴定，并确定犯罪、工伤事故、人身伤害等的心理后果（即损害）的特征，等等。刑事案件中的检察官和辩护律师，民事案件中的原告、被告人以及法院，在解决案件时都可能需要受过培训的具有专门知识的法医精神卫生专业人员的帮助。心理健康从业人员可能会被刑事和民事法律体系中的这三个"参与者"中的任何一个聘请进行评估。

在介绍广泛的法律问题对精神健康评估和报告的需求之后，有必要考察这两个主要系统，即刑事和民事系统，它们共同构成了我们所了解的法律。

刑法

刑法不仅包括根据联邦和州法律被定义为犯罪的各种行为，而且还包括审前拘留、审判、量刑、缓刑和监督释放。法医精神病学不仅可以在确定是否犯罪方面发挥作用，而且还可以在刑事诉讼的其他各个阶段发挥作用。

在现代文明（出于我们写作目的，以英格兰为例）发展的早期就已经认识到有些行为具有令人发指的性质（本质上是恶意的，或"本身是坏的"），因此甚至没有必要将其法典化。因此，普通法将七项行为（盗窃、纵火、强奸、抢劫、重伤、谋杀和鸡奸）归类为重罪（严重犯罪），犯下这些罪行的人可被没收土地和财产，或处以死刑。

尽管我们既无意也不希望将本章撰写为有关法律和社会的论文，但在某些情况下，这些重罪与当时和现在人们的利益均息息相关。以纵火为例，人们非常担心纵火，因为几乎所有建筑均与平民生活具有紧密联系，并具有易燃性，当然，石制城堡例外。重伤，通常被定义为恶意切断肢体，在自卫和狩猎需要肢体起作用的年代，这一点非常重要。

可以预见的是，当时的成文法越来越多。这些法律所针对的行为被描述为禁令，被翻译成"错误的，因为是被禁止的"。这些罪行，尽管是重罪，通常要求减轻刑罚，即使今天仍然如此。其中包括（仅举几例）盗窃、挪用公款、暴力袭击、白天入室盗窃以及数以百计的其他行为。不太严重的犯罪被列为轻罪。这些罪行一经定罪，将产生较轻的刑罚。今天我们仍保留轻罪。

在现代，在某些司法管辖区中用来描述重罪和轻罪的其他术语，基本上是晦涩的，最坏的情况则是令人困惑的。例如，在新泽西州，直到该州于 1979 年通过刑法之前，重罪被称为高级别轻罪，轻罪被称为轻罪。该州现在根据包含一级、二级、三级和四级犯罪的刑法对犯罪者进行惩罚。

不论用什么名字命名，一般而言，犯罪都必须涉及犯罪者的意图，即犯罪意图或有罪的心理。这种意图是否存在、何时存在的问题，即是过去存在、现在存在还是将来存在的问题，（请参阅第 1 章的表 1.1）是一个非常重要的问题，这个问题是法医精神病学及其报告要阐明的。在这种情况下，法医精神科医生会协助刑事司法系统确定被告是否可以根据过去、现在或将来的状况，基于特定司法管辖区的法律关于精神错乱、限定责任能力、非自愿中毒（醉酒、药物等）、激情刺激或不可抗拒的冲动的规定提出辩护。

民法

与刑法试图惩罚被视为对社会（即国家）犯有过错的罪犯不同，民法（有时称为私法）旨在规范和解决由合同、侵权行为（民事过错）、家庭关系、遗嘱和其他非刑事事务引起的法律问题。此类纠纷的最终结果是金钱损失，或者在某些情况下是强制性救济，其中一方被迫做某事或不做某事。

除了刑法和民法基本目标之间的差异外，程序上的巨大差异也可能因司法管辖区而异。这些差异包括（取决于司法管辖区）民事（相对于刑事）案件中的陪审团规模较小；与民事案件中的多数票通过原则相比，刑事案件需要陪审团一致投票通过方可通过；以及在刑事案件中采用"排除合理怀疑"的证明标准，而在许多民事案件中只采用"优势证据"证明标准，在某些其他民事案件（例如，对患有精神障碍具有危险性的人的民事拘禁）中采用"清晰且有说服力的证据"证明标准。

尽管刑事和民事案件在程序和实体上存在差异，但法医精神科医生的作用在民事案件中与在刑事案件中同样重要。确定一个人的能力或心理伤害、精神损害的因果关系，以及一个人是否是故意行为，都可能对民事案件的结果产生严重影响。

同样，尽管法医精神科医生在民事案件中的作用通常不如在刑事案件中那么引人注目，但这一作用的重要性也绝不逊色。由律师或者法院征询法医精神病学意见的民事案件类型很多（请参阅第 1 章的表 1.3）。

专家证词的标准

在帮助解决民事和刑事案件方面，专家作证的需求范围很广，几乎涉及需要专门知识来协助陪审团或者法官审理的案件的每个领域。人们普遍认为，专家证言的使用始于 1782 年。随着社会和法院面临的问题变得越来越复杂，对专家证言的需求变得越来越多。

在美国，各州辖区之间采信专家证言的标准有所不同，直到 1923 年美国哥伦比亚特区上诉法院裁定弗莱（Frye）诉美国联邦案才得到统一。简而言之，弗莱裁决确立了以下标准：如果科学界普遍接受专家的科学证词，则可以接受其作为证据。

该标准在联邦系统和州法院中得到了确立。

但是，弗莱标准在 1993 年由美国最高法院在多伯特（Daubert）诉美林陶氏（Merrill Dow）一案中进行了根本性的修改。在该案中，法院裁定，联邦证据规则中的传闻证据保障措施使得这种严格的可采性标准变得不必要，从而需要一种更加灵活的标准，以使审判法院能够根据具体情况确定专家证词在科学上是否可靠并且对事实调查过程是否有帮助。这些决定的结果是，多伯特标准成为所有联邦法院的标准。在州一级，一些州采用了多伯特标准，另一些州则保留了弗莱标准。

终极目标

无论受聘运用专业培训经验的法医精神科医生所帮助解决的是刑事还是民事案件，是由律师还是法院本身聘请，其最终目的都是相同的。首要的、永久的和基本的考虑是协助法律，试图实现公正解决案件。

第二部分　鉴定报告

第❸章
完整的刑事案件鉴定报告

在本章中，我们按照第一章所述的格式，提供了四份完整的刑事案件法医精神病学报告，并进行了修改和编辑以保护隐私。这些报告构成了法医精神卫生专家向（起诉方或辩护方的）律师或法院提供咨询时可能会遇到的刑事案件类型的代表样本。他们包括：

· 中毒/醉酒（自愿）

· 受审能力

· 诈病

· 儿童（性）虐待

在通过粗体注释和讨论引导读者阅读分解的报告后，我们全文复制了四份刑事报告中的一份"州诉爱德华·泰勒·哈德"（State v. Edward Taylor Hard），以使读者对最终报告有完整的了解。

州诉爱德华·泰勒·哈德（State v. Edward Taylor Hard）

案例概述：中毒/醉酒（自愿）

以下完整的案件鉴定报告是基于在一家酒吧发生的一起案件，其中一名自愿醉酒的人即被告人爱德华·泰勒·哈德射杀了另一名先前与其有矛盾的人。鉴于精神病医生阿贝尔·D. 芬奇（Abel D. Fence）在精神病学、神经精神病学、药理学和医学方面的综合背景、培训和资质，被告的辩护律师普丽西拉·普罗克特（Priscilla Proctor）先生聘请他对被告人进行鉴定。

在介绍报告时，我们将解构和讨论报告的每个部分，并逐步引导读者阅读报告。该报告的格式遵循第 1 章表 1.4 中的描述。芬奇博士的报告如下。

报告

在报告的第一部分中，笔者列出了报告的性质和范围以及其中要讨论的问题。这部分简短明了。它提到了发出聘请的辩护律师所提出的具体问题，甚至引用了辩护律师的聘请书的要点（提出了要解决的问题以及进行咨询的条件和要求，包括费用方面的内容）；在某种意义上说，聘请书可以被视为律师与法医专家之间的某种合同。

我们就上述问题进行了电话讨论和通信之后，根据以下列出的材料来源，我为您撰写本报告。按照您的要求提供此报告，就爱德华·泰勒·哈德先生在××××年 9 月 3 日晚（大约晚上10：00）在看似一起酒吧争端中用自己的手枪射击布鲁诺·萨默斯（Bruno Summers）先生时的精神状态（中毒/醉酒状态）阐明我的（具有一定合理医学可能性的）医学/药理学/毒理学/神经精神病学意见。

为了节省时间，并且从涉及杀害事件的实际情况、随后的执法调查、萨默斯先生的尸检结果以及（关于哈德先生和萨默斯先生的）毒理学资料来看，与该事件有关的记录、材料和其他材料来源是充分而详细的，我将不再重复这些细节。

相反，在简要回顾了引发该事件的哈德先生的背景之后，特别是关于他的酗酒和药物滥用的历史之后，我将重点讨论哈德先生在上述案件事发当晚的精神状态（醉酒状态），还将重点阐明与要求进行此鉴定的原因最密切相关的，我的临床神经精神病学/毒理学发现、印象和意见。

另外，您在××××年 1 月 21 日的委托函中表示，鉴定目的是有关"我的当事人在枪击事件发生时的精神状态（醉酒状态），该事件发生在独角兽酒馆，并导致布鲁诺·萨默斯先生死亡。我特别想了解您关于在这起案件中有关醉酒、精神错乱、限定刑事责任或者'不可抗拒的冲动'等这些法律问题的专家意见。我随后可以转给您相关法律规定以及其他与被告人相关的资料。"（选摘自您××××年 1 月 21 日的委托函）

> 在报告的下一部分（还是引言）中，笔者介绍并讨论了报告所基于的材料来源。如第 1 章所述，这些资源通常可以归结为书面记录和材料（通常包括 DVD 和视频）、对当事人基于临床的面谈/检查、辅助测试（附录 C）、对重要他人（例如父母、朋友、证人等）的作证面谈，以及法医专家针对当前案件自己收集的资料和专业知识（如果适用的话）。

基于上述背景和介绍，本神经精神病学/毒理学鉴定报告所依据的材料来源如下：

1. 我审阅的材料包括：检察官办公室向您移送的关于此案的材料包（随后由您的办公室移送给我）、警方调查报告、证人证词、犯罪现场的照片和图纸、有关萨默斯先生和哈德先生的毒理学研究报告、有关哈德先生对案件中的谋杀武器的所有权的文件、默西医院出具的有关萨默斯先生的医疗记录、多里安·弗兰纳里博士出具的萨默斯先生的尸检报告、有关射击事件的报刊文章以及其他此类记录和材料。

2. 我于×××年1月31日在贾姆纳县矫正中心会见室中对爱德华·泰勒·哈德先生进行了神经精神病学/毒理学面谈/检查，包括实施一系列标准化和非标准化的心理测试、化学物质依赖测试以及其他相关的测试，如下所述。

3. 作为对哈德先生的神经精神病学/毒理学评估的一部分，所实施并随后进行评分的一组标准化和非标准化的心理和化学依赖性测试如下所示：

    a. 明尼苏达州多相人格量表，第二版，即MMPI-2；

    b. 米伦临床多轴诊断清单，第三版，即MCMI-Ⅲ；

    c. 贝克抑郁量表，第二版，即BDI-Ⅱ；

    d. 密歇根州酒精筛选测试，即MAST；

    e. 药物滥用筛查测试，即DAST；

    f. 酒精使用障碍识别测试，即AUDIT；

    g. 成瘾评估问卷（非标准化）；

    h. 既往病史（非标准化）问卷；

    i. 认知能力筛选检查表，即CCSE；

    j. 简明精神状态检查表，即MMSE。

4. 我与德布拉·萨默斯（Debra Summers）女士（布鲁诺·萨默斯先生的遗孀）；詹姆斯·古德哈特（James Goodhart）先生（哈德先生住院和门诊戒酒和康复治疗计划中的药物和酒精问题咨询师）；雷吉纳尔德·B. 旺德（Reginald B. Wonder）医生（作哈德先生的家庭医生近25年）；简·怀特海特（Jane Whitehair）女士（哈德先生在新梅杰州埃弗里特小学的六年级老师，退休）；尤斯塔斯·哈德（Eustace Hard）先生（"放松"先生，哈德先生的父亲）；内娃·哈德（Neva Hard）女士（"绝不"女士，哈德先生的母亲）；索菲·哈德·格罗本诺夫斯基

(Sophie Hard Grobanofski) 女士（"心软"女士，哈德先生的大姐）等人进行的电话讨论/访谈。

5. 我在医学、药理学和毒理学、精神病学和神经精神病学方面的知识、背景、培训和经验。

> 报告的下一个主要部分（如临床咨询报告一样）介绍并讨论导致本案中法医精神卫生问题发生的背景，从最早的背景和历史开始（"个人史""既往史""家族史"等）。就像在临床咨询报告中一样，这种案发前的背景使读者了解被鉴定人的生活中导致该案件发生的原因，以及可能的话，从心理学或心理动力学角度，了解如何以及为何会发生这起案件。

历史

爱德华·泰勒·哈德先生，白人男子，28 岁，未婚，无子女。最初来自农村地区（内瓦，梅杰县），后来在鲁斯顿，目前被关押在贾姆纳县教养中心，因为他被指控在××××年 9 月 3 日晚 10：00 左右在独角兽酒馆（位于鲁斯顿）的一次酒吧打斗中，近距离对布鲁诺·萨默斯先生开枪射击，因此被控一级谋杀。哈德先生是一名自谋生计的画家（他自述在枪击事件发生之前已有两年都是如此）。他还自述从 11 岁起就有酗酒（主要的）和吸毒（次要的）的历史。他的一生都是在他所描述的紊乱的酗酒家庭状况和背景中长大的，几乎一辈子都生活在这样的环境中。

关于哈德先生的背景和既往精神病史，正如刚才所述，总体上，他介绍了一个困难的、酗酒和不正常的家庭情况。他在 11 个兄弟姐妹中排行第三，与他年龄相近的哥哥凯文（比哈德本人大 14 个月）在 14 岁时因过量饮酒和服用普拉西吉

（placidyl，一种镇静安眠药）而去世（当时哈德先生本人上六年级）。

哈德先生接受正规教育的大部分时间都在梅杰县内瓦当地的学校上学（留下来两年后他在16岁时从高中辍学，当时上十年级）。曾被送入当地的一所军事学校（海军陆战队的要塞，位于梅杰县）。由于支付不了学费，他不得不在七年级时离开那所学校。哈德先生自述是一个"普通学生"，但常常由于违反各种纪律（包括他的犯罪前科，在下文以及现有其他记录和材料中进行了描述）而将自己"陷入很多麻烦"（他自己的话）。

哈德先生的父亲尤斯塔斯·哈德是一家五金店店员，母亲内娃·哈德是一名家庭主妇，两人都严重酗酒，家庭关系严重不正常和充满矛盾，并且对所有子女都"曾经"有过躯体或性虐待（哈德太太的原话）。尤其是在他们的孩子还年幼的时候（哈德夫妇都否认这种虐待和乱伦行为曾引起任何法律后果）。按照他的描述，爱德华·哈德先生本人在年幼时就利用酗酒和吸毒以"逃脱我的家人"（他的原话），结果，对于他童年时的事情、他的学习情况等，仅能含糊地描述。他很小就有性行为，既有异性的也有同性的。自述在十几岁和二十岁刚出头那几年有一段时间性取向不明确。在他大约22岁时，他终于"因为一个女人安顿下来"（他的原话）。他与一连串女性约会，其中包括与德布拉·弗莱德黑德·萨默斯（Debra Flathead Summers）女士（布鲁诺·萨默斯先生的遗孀）同居了相对较长的时间（据他回忆，大约有6至8个月），这段同居大约结束于枪击事件发生的两年前。在这方面，我认为重要的是，据称萨默斯女士为哈德先生怀孕过两次，而且两次怀孕都是在没有他的知情或同意的情况下她自行终止的。

> 到现在为止，已经强调了哈德先生紊乱和艰难的童年和青春期，这预示他一直持续存在问题且后期更为严重。这体现了该报告基于临床资料的性质，并使笔者能够从导致本案发生的多种来源的资料考虑精神病理学问题。

自 16 岁离开高中后，哈德先生做过一系列体力工作，包括加油站的加油员、园林绿化员、汽车机械师等工作。他曾试图用大约四年的努力通过普通教育发展考试，最终在 22 岁放弃，没有通过普通教育发展考试，（在接受面谈/检查时）他向我解释说："我受够了……我发现我不需要它。"

而且，不用审视更多细节，以上足以概括出了几乎贯穿哈德先生一生的紊乱、酗酒和边缘化的生活状态，这也呈现了他××××年 9 月 3 日晚上发生的枪击事件的背景；该事件发生情况如下：

> 至此，报告讨论了与案件特别相关的事件。这些事件涉及与本案所涉及的问题相同的事件类型，是鉴定报告的重要补充信息。

枪击事件发生于××××年 9 月 3 日。相关事件有：××××年 8 月下旬，在布鲁诺和德布拉结婚前不久，哈德先生和萨默斯先生在独角兽酒馆见面并发生了争执（请参阅上面的记录以获取详细信息）。多年来，两个人之间一直存在敌意，部分原因是哈德先生先前与萨默斯夫人的关系，部分原因是他对萨默斯先生担任当地一个生存主义新纳粹组织的头目而反感。

这次争执的结果是（在被萨默斯先生用拳打了之后）哈德先生的牙齿和嘴唇受了伤，当时他对萨默斯先生说了一些威胁性的言语。从那时起至本次枪击事件发生，哈德先生否认与萨默斯先生有任何其他接触，因此两人的再次接触是在枪击事件发生的那天晚上。

> 在报告的"历史"部分中，已经作好了展示和讨论本次案件的铺垫。接下来写事件。

在××××年9月3日晚上，爱德华·哈德先生光顾独角兽小酒馆，多年来他经常光顾，是这家酒馆的老顾客。布鲁诺·萨默斯夫妇（当时已结婚约两周）在晚餐后也来到小酒馆（据萨默斯夫人回忆）。萨墨斯先生很反感哈德先生靠近他的妻子，以攻击性行为阻止哈德先生靠近他的妻子，并以一种激进的方式与哈德先生对峙。哈德先生想起之前（××××年8月）与萨默斯先生相遇的经历，感到害怕，隐约感觉到自己受到威胁，拔了枪然后开枪，本想往墙上射击而不是往萨默斯先生身上射击。但是，子弹却击中了萨默斯先生的左胸部，将其击倒。小酒馆随后发生混乱，有医务人员前来救治萨默斯先生，他被送往默西医院，先行急诊，随后进行了医治，后因枪伤引起的肺炎在ICU治疗（见验尸官的报告及默西医院的诊疗记录）。治疗4天后，萨默斯先生的病情恶化，死于肺炎。

> 在报告的这一部分，通过射击者的视角描述了所发生的射击事件。报告的下一部分提供了对于哈德先生的看法的一些评论，并预期该报告的"摘要和观点"部分中介绍和讨论的芬奇博士的法医精神病学/神经精神病学/成瘾医学意见。

据现有资料，案发后酒馆具体发生了什么情况不太清楚。但是，随后警察到哈德先生家对其进行调查。哈德先生起初否认枪击案件发生时他在独角兽酒馆（他声称当时他在家喝啤酒、看电视）。但是，哈德先生随后承认了当时在场，并且承认是自己枪击了萨默斯先生。在警察讯问调查过程中他表现得很合作（例如：交出了在他住处的作案枪支）。他因致死萨默斯先生而被逮捕，随即对他进行了血液酒精浓度检测，时间点是凌晨 00：05 分，大约枪击案件发生之后 3 小时（见贾姆纳县警察局酒精影响报告）。报告其血液酒精浓度值为 0.16%，而在梅杰县，醉酒驾车的血液酒精浓度阈值为 0.10%。对于这样的检测结果的意义我随后会讨论。

之后，哈德先生被转送到贾姆纳县教养中心，一直关押到现在，等候进一步审理。

> 与第 1 章中所述的基于临床的格式保持一致，该报告的下一部分从精神病学/神经精神病学/成瘾医学的角度介绍了与鉴定有关的观察结果。

精神状态（精神病学）检查

检查在贾姆纳县教养中心的一间会见室进行。我作了自我介绍，并确信他理解检查的目的和范围，我告知了他鉴定的非保密性。他表示可以接受。之后我们进行了交谈/检查。

哈德先生，白人，身材瘦高、气色不佳，较瘦但发育良好。看上去情绪较低落、萎靡。他着囚服，较随意，穿着慢跑鞋。左上臂外侧有纹身（心形图案下面配有文字"Ed and Deb"，其中 Deb 是指德布拉·萨默斯女士）。语音、语速、语量及用词方面无特殊，但他对事件的发生表示后悔。他数次表现出对萨默斯女士（他的前女友，前文已述，曾为他怀孕两次）的极度依恋。

> 由于法医精神卫生鉴定可能是不保密的，在鉴定人和被鉴定人之间也不存在特权，因此很重要的是在面谈/检查开始时告知被鉴定人，并征得他们对于进行鉴定的同意。一些精神卫生专业人员（例如笔者）通过正式表格获得了此类书面同意，类似于在医疗或手术程序中获得知情同意；而其他人可能不这样做。在刑事辩护案件中，最终由辩护律师决定是否使用辩护方专家的意见和报告，这作为对被告"保持沉默的权利"的延伸。相反，在起诉方聘请和法院指定的法医的精神卫生鉴定中，被告实际上放弃了先期提起精神病辩护的特权，而这可以由控方和/或法院指定的专家进行探讨。因此，鉴定报告不享有特权或机密性，鉴定报告可提供给辩方、起诉人和法院。

他除了表现有些情绪低落和疲惫之外，在检查过程中没有严重的情绪障碍（诸如抑郁、躁狂或者自杀企图），也没有思维障碍/精神病性症状（诸如幻觉、妄想、思维松散等）。定向力完整（包括时间、任务、地点、环境以及检查的目的），注意力能集中。前文提及的对他进行的测验中有两项测验是认知方面的（简明精神状况检查表，即 MMSE；辨认能力筛选检查表，即 CCSE），测验结果表明他没有认知方面的障碍。在我看来，他的表现与他的文化水平、生活经历是相符合的。

> 这里要强调的一点是，截至芬奇博士的面谈/检查之时，尚无精神状态（精神病学）检查结果表明存在有临床意义的精神异常。尽管从哈德先生对枪击事件的刑事责任来看，这种观察不会直接推论出关于哈德先生的基本精神状态（精神

病学/神经精神病学/成瘾医学状况），但芬奇博士进行面谈/检查时哈德先生的精神病学状况很重要。类似地，从他的"受审能力"以及此后可预见的未来状况来看也是如此。

对哈德先生进行的上述心理学及物质依赖测验结果表明，他存在一定程度的精神障碍，同时也印证了之前提到的他长期存在的化学物质依赖问题（特别是酒精）。更详细的测验结果及相关情况，参见上述的心理学、医学及化学物质依赖测验和检查。

下一节介绍了该报告的"总结和意见"部分，再次从临床角度总结了鉴定人对被鉴定人的诊断印象。这些印象以《精神疾病诊断和统计手册，第四版，文本修订版》术语和格式表示。实际上，《精神疾病诊断和统计手册，第四版，文本修订版》在精神卫生专业（包括法医精神卫生专业）中得到了广泛的使用和公认的权威，因此建议精神卫生专业人士撰写报告时使用该工具，而不是其他工具。

临床诊断印象

按照美国精神病学会《精神障碍诊断与统计手册，第四版，文本修订版》（2000 年）的诊断分类和标准，哈德先生的临床诊断印象如下：

轴 I（临床障碍）：

1. 多种物质滥用，目前在机构中，处于缓解期；

2. 心境恶劣。

轴 II（人格障碍）：

依赖性人格障碍。

轴Ⅲ（躯体情况）：

一般情况良好，没有需要注意或治疗急性、慢性或进行性的躯体疾病，尽管哈德先生有长期多种物质滥用史。

轴Ⅳ（社会心理和环境问题）：

哈德先生主要的社会心理和环境问题，在我看来，是与当前对他的指控，以及可能的刑罚有关的"法律/犯罪相关问题"。另外，还存在"就业问题"（有限的工作经验和训练）、"经济问题"（由就业问题引起）、"与基础支持相关的问题"（有限的支持系统）、慢性药物和酒精滥用问题、慢性抑郁问题。

轴Ⅴ（总体功能评估）：

总体功能评估得分 60 分~70 分，表明哈德先生存在轻度-中度的精神症状和精神损害。

> 报告的最后部分，即"总结和意见"，是报告中最重要的部分，因为它以简洁、连贯的方式汇总了先前的信息和数据，提供了鉴定人关于案件的主要法证问题的"底线"的法医专家意见。并且根据我们的经验，通常是聘请方律师或法院阅读的报告的第一部分（有时是唯一部分）。因此，本部分必须是对前面所有部分的简短概括，并应具有说服力，说明案件中法医精神卫生专家的观点。

总结与意见

爱德华·泰勒·哈德先生，白人，28 岁，未婚，无业（曾经自谋生计，画家）。因涉嫌刑事案件，现关押在贾姆纳县矫正中心等候进一步审理。哈德先生有长期的精神障碍和酒精滥用史，涉及××××年 9 月 3 日发生的一起案件。在这起案件中，他在看似酒吧争吵的过程中枪击了布鲁诺·萨默斯先生。在这种情况下，由于他个人背景，以及哈德先生在案发后约 3 小时的血液酒精浓度值达 0.16%，因此您委托我对他作出神经精神病学/毒理学鉴定，旨在了解他可能采用的法律辩护（包括法律性精神错乱）；您的具体要求前文已经说明。本报告所依据的资料，以及检查结果和临床印象，也已经在前文中报告，这里不再赘述。

> 在报告的这一部分，笔者开始对几个临床科学领域的分析进行讨论，这些分析是作为法医专家意见的依据。为了便于演示，每个部分将在单独的段落中进行讨论，首先是（a）毒理学问题，其次是（b）认知和成瘾问题，最后是（c）个人背景和家庭问题。针对每个段落中提出的每个问题，这些段落都给出了专家意见。

毒理学方面的分析需要遵循毒理学的一般规律及原则。哈德先生的血液酒精浓度在最后一次饮酒后大约 1 小时达到最高峰；哈德先生的燃尽率和累积摄取后曲线为 0.015%~0.020% 每小时；枪击发生后，哈德先生未再饮酒。按照这些原则推断，哈德先生枪击案发当时的血液酒精浓度值大约为 0.190%~0.200%。

结合哈德先生不健全的酗酒的家族史，他曾经与德布拉·萨默斯女士的亲密关系，案发前与布鲁诺·萨默斯先生的矛盾冲突，案发时的血液酒精浓度值达到 0.190%~0.200%，根据我的神经精神病学/毒理学知识，我认为哈德先生当时的精神状态应该是极度紊乱的。他的精神紊乱状态非常严重以至于他在枪击萨默斯先生时不能够理性、清楚、有目的性、有辨认力、目标明确地进行思考。

另外，考虑到哈德先生以前对萨默斯女士的依赖程度以及对萨默斯先生的敌意，在我看来，当他在酒馆看到他们两人在一起时，他控制不住与萨默斯先生发生冲突、"把黛比（Debbie，即萨默斯女士）从纳粹手中拯救出来"（精神检查时他对我谈及他当时的思维内容时的原话）的冲动。当冲突"迅速爆发"（还是他的用语）时，不论是否是这种情况，考虑到他感受到的威胁，他当时处于紊乱的醉酒状态下，哈德先生的行为方式是自我防卫性质的，以至于他抗拒不了去保护萨默斯女士和他自己的冲动。

> 接下来，笔者在临床所见与被告人在本案中的刑事责任相关的刑事/法律问题之间，与被告人可能采取的精神病及相关的减轻刑事责任的辩护之间建立联系。临床问题和法律问题之间的这种联系是法医鉴定的关键，需要清晰、简洁和有说服力地写明。该段如下：

最后，关于法律性精神错乱及限定刑事责任这两个法律问题，就我对这两个概念的理解而言，尽管哈德先生在案发当时的醉酒状态和混乱的思维没有严重到使其完全不理解案发时所实施的行为的性质，但在我看来，他的醉酒和紊乱状态确实否定了一个犯罪构成要件，即他在实施枪击萨默斯先生的行为时的明知的、有目的性的行动能力。简单地说，我的（具有一定合理医学可能性的）专业意见是，哈德先生在案发当时（枪击萨默斯先生时）的醉酒状态符合不可抗拒冲动、醉酒以及限定刑事责任的辩护标准。在我看来，不符合法律性精神错乱的辩护标准。

> 最后，芬奇博士写了惯例性声明，将其法医报告与纯粹的临床报告区分开来。

我按照有关医学检查的严格规定，围绕案件引发的专门性问题对被鉴定人进行了检查，没有施以治疗，也没有给出治疗方面的建议，不存在医患关系。

我保证：本报告是由我本人撰写，意见是根据我的知识和掌握的资料得出，未经任何其他人修改。

如果您对于本报告有任何问题，或者您还需要我回答其他相关问题，请联系我。

非常感谢！

阿贝尔·芬奇

医学博士　哲学博士 公共卫生学硕士

案例分析与结果

参照表 1.1，该评估集中于芬奇博士关于嫌疑犯在过去一个时间段内（尤其是他被指控在本案中枪杀受害者时）的基本精神状态（精神病学/神经精神病学/成瘾医学状况）的判断。芬奇博士最终提供的专家意见支持减轻凶杀行为刑事责任的精神病辩护，即不可抗拒的冲动（并非所有司法管辖区都接受辩护）、醉酒（在这种情况下为自愿）和限定刑事责任能力（被广泛接受）辩护。他还明确提出不支持精神病抗辩，即法律精神错乱的意见。

芬奇博士没有被要求就另一个潜在的法医精神问题提出意见，即在警方对这起杀人案进行调查的初期，被告"明知、自愿和有足够智力"地放弃他的米兰达权利（宪法权利）即不做陈述或供认的精神能力。因此也没有就此提出意见。芬奇博士没有就法医精神卫生时间段问题，即关于"当前"（表 1.1，具体指"受审能力"）或"未来"（表 1.1，具体指"受审能力"）或"未来"（表 1.1，具体指未来的危险性）提供专家意见（也没有被征询）。为此，芬奇博士将其鉴定报告的重点放在了由辩护律师要求的特定法医精神卫生问题上。

法医精神卫生专业人员常会遇到伦理问题，即聘请方律师没有提出被咨询专家认为应该提出的法医咨询问题，或者辩护律师明确要求被咨询专家不要提出某类问题。我们认为，两种情况都必须根据具体情况进行评估，辩护律师（为当事人）和专家（对当事人的意见）的不同辩护立场都要重视。

芬奇博士以类似于诉讼律师准备所谓的审判笔记本的方式编写报告，按时间顺序对材料进行分类和审查，并在必要时作证。

本案通过辩诉谈判（辩护律师和起诉律师进行，后由法院批准认可）解决，而无需进行审判或由芬奇博士提供专家证词。但是，辩护律师在宣判前就告知芬奇博士，他的鉴定报告有助于律师提出"限定刑事责任能力"和"醉酒"辩护，并有助于为其当事人缩短监禁期间。

接下来是完整的法医专家报告，以使读者了解提交给聘请方律师或法院的最终报告的准确样貌。

完整报告

塞西尔·戴维森先生

戴维森和麦克罗伊

缅因大街 123 号

安尼镇，ST 12345

州诉爱德华·泰勒·哈德

案号：05-I-12386

尊敬的戴维森先生：

在我们就上述问题进行了电话讨论和通信之后，根据以下列出的材料来源，我为您撰写本报告。按照您的要求提供此报告，就爱德华·泰勒·哈德先生在××××年 9 月 3 日晚（大约晚上 10：00）在看似酒吧争吵中用自己的手枪射击布鲁诺·萨默斯先生时的精神状态（中毒/醉酒状态）阐明我（具有一定合理医学可能性的）医学/药理学/毒理学/神经精神病学意见。

为了节省时间，并且从涉及杀害事件的实际情况、随后的执法调查、萨默斯先生的尸检结果以及毒理学资料（关于哈德先生和萨默斯先生的）来看，与该事件有关的记录、材料和其他材料来源是充分而详细的，我将不再重复这些细节。

相反，在简要回顾了导致该事件的哈德先生的历史之后，特别是关于他的酗酒和物质滥用的历史之后，我将重点讨论哈德先生在上述事发当晚的精神状态（醉酒状态），还将重点阐明与要求进行此鉴定的原因最密切相关的，我的临床神经精神病学/毒理学发现、印象和意见。

另外，您在××××年 1 月 21 日的委托函中表示，鉴定目的是有关"您对我的当事人在枪击事件发生时的精神状态（醉酒状况），该事件发生在独角兽酒馆，并导致布鲁诺·萨默斯先生死亡。我特别想了解您关于在这起案件中有关醉酒、精神错乱、限定刑事责任或者'不可抗拒的冲动'等这些法律问题的专家意见。我随后可以转给您相关法律规定以及其他与被告人相关的资料。"（选摘自您××××年 1 月 21 日的委托函）

基于上述背景和介绍，本神经精神病学/毒理学鉴定报告所依据的材料来源如下：

1. 我审阅的材料包括：检察官办公室向您移送的关于此案的材料包（随后由您的办公室移送给我）、警方调查报告、证人证词、犯罪现场的照片和图纸、有关萨默斯先生和哈德先生的毒理学研究报告、有关哈德先生对案件中的谋杀武器的所有权的文件、默西医院出具的有关萨默斯先生的医疗记录、多里安·弗兰纳里博士出具的萨默斯先生的尸检报告、有关射击事件的报刊文章以及其他此类记录和材料。

2. 我于××××年1月31日在贾姆纳县矫正中心会见室中对爱德华·泰勒·哈德先生进行的神经精神病学/毒理学面谈/检查，包括实施一系列标准化和非标准化的心理测试、化学物质依赖以及其他相关的测试，如下所述。

3. 作为我对哈德先生的神经精神病学/毒理学评估的一部分，所实施并随后进行评分的一组标准化和非标准化的心理和化学依赖性测试如下所示：

    a. 明尼苏达州多相人格量表，第二版，即MMPI-2；

    b. 米伦临床多轴诊断清单，第三版，即MCMI-Ⅲ；

    c. 贝克抑郁量表，第二版，即BDI-Ⅱ；

    d. 密歇根州酒精筛选测试，即MAST；

    e. 药物滥用筛查测试，即DAST；

    f. 酒精使用障碍识别测试，即AUDIT；

    g. 成瘾评估问卷（非标准化）；

    h. 既往病史（非标准化）问卷；

    i. 认知能力筛选检查表，即CCSE；

    j. 简明精神状态检查表，即MMSE。

4. 我与德布拉·萨默斯女士（布鲁诺·萨默斯先生的遗孀）、詹姆斯·古德哈特先生（哈德先生住院和门诊戒酒和康复治疗计划中的药物和酒精问题咨询师）；雷吉纳尔德·旺德医生（作为哈德先生的家庭医生近25年）；简·怀特海特女士（哈德先生在新梅杰州埃弗里特小学的六年级老师，退休）；尤斯塔斯·哈德先生（"放松"先生，哈德先生的父亲）；内娃·哈德女士（"绝不"女士，哈德先生的母亲）；索菲·哈德·格罗本诺夫斯基女士（"心软"女士，哈德先生的大姐）等人进行的电话讨论/访谈。

5. 我在医学、药理学和毒理学、精神病学和神经精神病学方面的知识、背景、培训和经验。

历史

爱德华·泰勒·哈德先生，白人男子，28 岁，未婚，无子女。最初来自农村地区（内瓦，梅杰县），后来在鲁斯顿，目前被关押在贾姆纳县教养中心，因为他被指控在××××年 9 月 3 日晚 10：00 左右在独角兽酒馆（位于鲁斯顿）的一次酒吧打斗中，近距离对布鲁诺·萨默斯先生开枪射击，因此被控一级谋杀。哈德先生是一名自谋生计的画家（他自述在枪击事件发生之前已有两年都是如此）。他还自述从 11 岁起就有酗酒（主要的）和吸毒（次要的）的历史。他的一生都是在他所描述的紊乱的酗酒家庭状况和背景中长大的，几乎一辈子都生活在这样的环境中。

关于哈德先生的背景和既往精神病史，正如刚才所述，总体上，他介绍了一个困难的、酗酒和不正常的家庭情况。他在 11 个兄弟姐妹中排行第三，与他年龄相近的哥哥凯文（比哈德本人人 14 个月）在 14 岁时因过量饮酒和服用普拉西吉（一种镇静安眠药）而去世（当时哈德先生本人上六年级）。

哈德先生接受正规教育的大部分时间都在梅杰县内瓦当地的学校上学（留下来两年后他在 16 岁时从高中辍学，当时上十年级）。曾被送入当地的一所军事学校（海军陆战队的要塞，位于梅杰县）。由于支付不了学费，他不得不在七年级时离开那所学校。哈德先生自述是一个"普通学生"，但常常由于违反各种纪律（包括他的犯罪前科，在下文以及现有其他记录和材料中进行了描述）而将自己"陷入很多麻烦"（他自己的话）。

哈德先生的父亲尤斯塔斯·哈德是一家五金店店员，母亲内娃·哈德是一名家庭主妇，两人都严重酗酒，家庭关系严重不正常和充满矛盾，并且对所有子女都"曾经"有过躯体或性虐待（哈德太太的原话）。尤其是在他们的孩子还年幼的时候（哈德夫妇都否认这种虐待和乱伦行为曾引起任何法律后果）。按照他的描述，爱德华·哈德先生本人在年幼时就利用酗酒和吸毒以"逃脱我的家人"（他的原话），结果，对于他童年时的事情、他的学习情况等，仅能含糊地描述。他很小就有性行为，既有异性的也有同性的。自述在十几岁和二十岁刚出头那几年有一段时间性取向不明确。在他大约22岁时，他终于"因为一个女人安顿下来"（他的原话）。他与一连串女性约会，其中包括与德布拉·弗莱德黑德·萨默斯女士（布鲁诺·萨默斯先生的遗孀）同居了相对较长的时间（据他回忆，大约有6至8个月），这段同居大约结束于枪击事件发生的两年前。在这方面，我认为重要的是，据称萨默斯女士为哈德先生怀孕过两次，而且两次怀孕都是在没有他的知情或同意的情况下她自行终止的。

自16岁离开高中后，哈德先生做过一系列体力工作，包括加油站的加油员、园林绿化员、汽车机械师等工作。他曾试图用大约四年的努力通过普通教育发展考试，最终在22岁放弃，没有通过普通教育发展考试，（在接受面谈/检查时）他向我解释说："我受够了……我发现我不需要它。"

而且，不用审视更多细节，以上足以概括出了几乎贯穿哈德先生一生的紊乱、酗酒和边缘化的生活状态，这也呈现了他××××年9月3日晚上发生的枪击事件的背景；该事件发生情况如下：

枪击事件发生于××××年 9 月 3 日。相关事件有：××××年 8 月下旬，在布鲁诺和德布拉结婚前不久，哈德先生和萨默斯先生在独角兽酒馆见面并发生了争执（请参阅上面的记录以获取详细信息）。多年来，两个人之间一直存在敌意，部分原因是哈德先生先前与萨默斯夫人的关系，部分原因是他对萨默斯先生担任当地一个生存主义新纳粹组织的头目而反感。

这次争执的结果是（在被萨默斯先生用拳打了之后）哈德先生的牙齿和嘴唇受了伤，当时他对萨默斯先生说了一些威胁性的言语。从那时起至本次枪击事件发生，哈德先生否认与萨默斯先生有任何其他接触，因此两人的再次接触是在枪击事件发生的那天晚上。

在××××年 9 月 3 日晚上，爱德华·哈德先生光顾独角兽小酒馆，多年来他经常光顾，是这家酒馆的老顾客。布鲁诺·萨默斯夫妇（当时已结婚约两周）在晚餐后也来到小酒馆（据萨默斯夫人回忆）。萨默斯先生很反感哈德先生靠近他的妻子，以攻击性行为阻止哈德先生靠近他的妻子，并以一种激进的方式与哈德先生对峙。哈德先生想起之前（××××年 8 月）与萨默斯先生相遇的经历，感到害怕，隐约感觉到自己受到威胁，拔了枪然后开枪，本想往墙上射击而不是往萨默斯先生身上射击。但是，子弹却击中了萨默斯先生的左胸部，将其击倒。小酒馆随后发生混乱，有医务人员前来救治萨默斯先生，他被送往默西医院，先行急诊，随后进行了医治，后因枪伤引起的肺炎在 ICU 治疗（见验尸官的报告或默西医院的诊疗记录）。治疗 4 天后，萨默斯先生的病情恶化，死于肺炎。

据现有资料，案发后酒馆具体发生了什么情况不太清楚。但是，随后警察到哈德先生家对其进行调查。哈德先生起初否认枪击案件发生时他在独角兽酒馆（他声称当时他在家喝啤酒、看电视）。但是，哈德先生随后承认了当时在场，并且承认是自己枪击了萨默斯先生。在警察讯问调查过程中他表现得很合作（例如：交出了在他住处的作案枪支）。他因致死萨默斯先生的罪名而被逮捕，随即对他进行了血液酒精浓度检测，时间点是凌晨00：05分，大约枪击案件发生之后3小时（见贾姆纳县警察局酒精影响报告）。报告其血液酒精浓度检测值为0.16%，而在梅杰县，醉酒驾车的血液酒精浓度检测阈值为0.10%。对于这样的检测结果的意义我随后会讨论。

之后，哈德先生被转送到贾姆纳县教养中心，一直关押到现在，等候进一步审理。

精神状态（精神病学）检查

检查在贾姆纳县教养中心的一间会见室进行。我作了自我介绍，并确信他理解检查的目的和范围，我告知了他鉴定的非保密性。他表示可以接受。之后我们进行了交谈/检查。

哈德先生，白人，身材瘦高、气色不佳，较瘦但发育良好。看上去情绪较低落、萎靡。他着囚服，较随意，穿着慢跑鞋。左上臂外侧有纹身（心形图案下面配有文字"Ed and Deb"，其中Deb是指德布拉·萨默斯女士）。语音、语速、语量及用词方面无特殊，但他对事件的发生表示后悔。他数次表现出对萨默斯女士（他的前女友，前文已述，曾为他怀孕两次）的极度依恋。

他除了表现有些情绪低落和疲惫之外，在检查过程中没有严重的情绪障碍（诸如抑郁、躁狂或者自杀企图），也没有思维障碍/精神病性症状（诸如幻觉、妄想、思维松散等）。定向力完整（包括时间、任务、地点、环境以及检查的目的），注意力能集中，前文提及的对他进行的测验中有两项测验是认知方面的疾病（简明精神状况检查表，即 MMSE；辨认能力筛选检查表，即 CCSE），测验结果表明他没有认知方面的障碍。在我看来，他的表现与他的文化水平、生活经历是相符的。

对哈德先生进行的上述心理学及物质依赖测验结果表明，他存在一定程度的精神障碍，同时也印证了之前提到的他长期存在的化学物质依赖问题（特别是酒精）。更详细的测验结果及相关情况，参见上述的心理学、医学及化学物质依赖测验和检查。

临床诊断印象

按照美国精神病学会《精神障碍诊断与统计手册，第四版》（2000 年）的诊断分类和标准，哈德先生的临床诊断印象如下：

轴 I（临床障碍）：

1. 多种物质滥用，目前在机构中，处于缓解期；

2. 心境恶劣。

轴 II（人格障碍）：

依赖性人格障碍。

轴 III（躯体情况）：

一般情况良好，没有需要注意或治疗急性、慢性或进行性的躯体疾病，尽管哈德先生有长期多种物质滥用史。

轴 IV（心理社会和环境问题）：

哈德先生主要的社会心理和环境问题，在我看来，是与当前对他的指控，以及可能的刑罚有关的"法律/犯罪相关问题"。另外，还存在"就业问题"（有限的工作经验和训练）、"经济问题"（由就业问题引起）、"与基础支持相关的问题"（有限的支持系统）、慢性药物和酒精滥用问题、慢性抑郁问题。

轴 V（总体功能评估）：

总体功能评估得分 60 分 ~70 分，表明哈德先生存在轻度 -

中度的精神症状和精神损害。

总结与意见

爱德华·泰勒·哈德先生，白人，28 岁，未婚，无业（曾经自谋生计，画家）。因涉嫌刑事案件，现关押在贾姆纳县矫正中心等候进一步审理。哈德先生有长期的精神障碍和酒精滥用史，涉及××××年 9 月 3 日发生的一起案件。在这起案件中，他在看似酒吧争吵的过程中枪击了布鲁诺·萨默斯先生。在这种情况下，由于他个人背景，以及哈德先生在案发后约 3 小时的血液酒精浓度值达 0.16%，因此您委托我对他作出神经精神病学/毒理学鉴定，旨在了解他可能采用的法律辩护（包括法律性精神错乱）；您的具体要求前文已经说明。本报告所依据的资料，以及检查结果和临床印象，也已经在前文中报告，这里不再赘述。

毒理学方面的分析需要遵循毒理学的一般规律及原则。这些原则包括：哈德先生的血液酒精浓度在最后一次饮酒后大约 1 小时达到最高峰；哈德先生的燃尽率和累积摄取后曲线为 0.015%～0.020% 每小时；枪击发生后，哈德先生未再饮酒。据此推断，哈德先生枪击案发当时的血液酒精浓度值大约为 0.190%～0.200%。

结合哈德先生不健全的酗酒的家族史，他曾经与德布拉·萨默斯女士的亲密关系，案发前与布鲁诺·萨默斯先生的矛盾冲突，案发时的血液酒精浓度值达到 0.190%～0.200%，根据我的神经精神病学/毒理学知识，我认为哈德先生当时的精神状态应该是极度紊乱的。他的精神紊乱状态非常严重以至于他在枪击萨默斯先生时不能够理性地、清楚地、有目的性地、有辨认力地、目标明确地进行思考。

另外，考虑到哈德先生以前对萨默斯女士的依赖程度以及对萨默斯先生的敌意，在我看来，当他在酒馆看到他们两人在一起时，他控制不住与萨默斯先生发生冲突、"把黛比（即萨默斯女士）从纳粹手中拯救出来"（精神检查时他对我谈及他当时的思维内容时的原话）的冲动。当冲突"迅速爆发"（还是他的用语）时，不论是否是这种情况，考虑到他感受到的威胁，他当时处于紊乱的醉酒的状态下，哈德先生的行为方式是自我防卫性质的，以至于他抗拒不了去保护萨默斯女士和他自己的冲动。

最后，关于法律性精神错乱及限定刑事责任这两个法律问题，就我对这两个概念的理解而言，尽管哈德先生在案发当时的醉酒状态和混乱的思维没有严重到使其完全不理解案发时所实施的行为的性质，但在我看来，他的醉酒和紊乱状态确实否定了一个犯罪构成要件，即他在实施枪击萨默斯先生的行为时的明知的、有目的性的行动能力。简单地说，我的（具有一定合理医学可能性的）专业意见是，哈德先生在案发当时（枪击萨默斯先生时）的醉酒状态符合不可抗拒冲动、醉酒以及限定刑事责任的辩护标准。在我看来，不符合法律性精神错乱的辩护标准。

我按照有关医学检查的严格规定，围绕案件引发的专门性问题对被鉴定人进行了检查，没有施以治疗，也没有给出治疗方面的建议，不存在医患关系。

我保证：本报告是由我本人撰写，意见是根据我的知识和掌握的资料得出，未经任何其他人修改。

如果您对于本报告有任何问题，或者您还需要我回答其他相关问题，请联系我。

非常感谢！

阿贝尔·芬奇

医学博士 哲学博士 公共卫生学硕士

州诉西奥多·普林斯利（State v. Theodore Princely）

案例概述：受审能力

该案涉及对被告西奥多·普林斯利进行面谈和评估，该人因犯谋杀罪被判无期徒刑。在监狱中服刑期间，被告曾逃脱，后被抓获并被送回州立监狱。辩护律师马尔科姆·兰贝（Malcolm Lambe）先生要求进行精神病学评估，以确定被告对于越狱指控是否有受审能力。为此，律师聘请了克劳斯·利勃曼（Klaus Liebman）博士，他是医学博士、理学硕士。他的报告如下。

报告

就像在"州诉哈德"（State v. Hard）一案中的鉴定报告一样，在此报告中，笔者首先介绍了报告的性质、目的和范围以及报告中要讨论的问题。但是，为了与聘请方律师充分沟通（第1章中所描述的有效法务实践的要点之一），认识到本案中实际面谈/检查受到的限制，笔者在报告一开始就讨论了这个问题。

在我们就上述问题进行了电话讨论和通信后，根据提供的以下信息来源，我为您尝试撰写了本人对西奥多·普林斯利先生的精神病学/神经精神病学/成瘾医学评估的报告。

如您所知，我使用"尝试"一词是因为当我实际上在努力与普林斯利先生交谈时，他被关押于格雷托州立监狱行政隔离区的牢房中。他拒绝与我交谈，经过短暂尝试，最后他通过牢房门与牢房壁相交处的裂缝向我扔了无味的液体。

此后，惩教干事［唐·温斯洛（Don Winslow）队长］终止了我们的面谈。根据队长的要求完成了"特别报告"后，我离开了格雷托州立监狱。

> 在描述了不完整的面谈/检查之后，利勃曼博士接下来讨论了基于不完整的面谈/检查可以得出的推论和结论。

根据我的经验和其他相关信息来源（如下所述），我对普林斯利先生当前（以及可预期的未来，如下所述）精神状态（精神病学/神经精神病学状况）的推断将是本报告的主题。

> 然后，笔者广泛地引用了聘请方律师之前和他之间就相关问题的通讯内容，以说明鉴定和报告所要解决的特定司法问题。

就本次评估而言，根据普林斯利先生的背景和历史，您在委托书（有关本案的犯罪学/侦查记录和材料，讨论随后）中要求我"对普林斯利先生进行鉴定，以确定他是否具有能力接受上述标题中的尚待审理的逃逸指控……我需要知道你认为普林斯利先生是否有能力接受审判，以及他是否有能力进行辩护陈述。"

您还提供了以下引出本次鉴定有关普林斯利先生犯罪方面的情况：

普林斯利先生因杀人罪被判处无期徒刑附加 10 年~12 年有期徒刑。我相信他当时是个少年，此案未由成人法庭审理。我相信过去的 27 年他一直被监禁。普林斯利先生告诉我，他受到一名男子的威胁，该男子对他说，"你可能会在这里失踪，没人会找到你。"

普林斯利先生认为那是死亡威胁，一周后他逃离了监狱。后来被抓获。为了提出被胁迫或必要性的辩护，他曾尝试在导致他逃离的威胁解除之后自首。上一次见面时，我请他提供证人证明他曾试图自首，普林斯利先生拒绝与我交谈。

他不接受与目前刑期同时执行的 4 年有期徒刑，尽管他对逃脱提不出法律辩护，但他仍不愿说出为什么拒绝判决。

在我最后一次与普林斯利先生会面之前，他已四次拒绝与我交谈。他曾几次在法庭上采取行动。第一次他突然向法警走去，好像他要对付法警或要抢法警的枪一样。××××年 3 月 4 日，普林斯利先生在被周围多名狱警控制的情况下，没有任何警告就迅速移动，好像他试图逃脱一样。他很快被摁倒在地。

监狱看守告诉我，该被告从牢房出来时常常具有攻击性，而一名看守认为他正在服药。普林斯利先生在法庭上的表现、拒绝为我提供任何辩护证人，以及拒绝接受有利的辩诉交易但似乎又没有法律辩护，这些行为使我怀疑他是否适合进行诉讼……

如果您经过评估后认为普林斯利先生对逃脱指控有可能进行某种精神病抗辩（即患有某种精神疾病或缺陷）的话，请告知我。

> 在对报告进行了上述介绍之后，笔者接下来介绍并讨论了报告所依据的材料来源，对记录和材料进行分类和汇总，使笔者必要时可以在以后的作证中使用它们，类似于律师在审判中使用的审判笔记本（请参阅第 1 章）。

在此背景下，本鉴定报告所基于的（有限的）材料来源如下：

1. 我所审阅的贵办公室就此事向我提供的刑事/法律、医学以及其他此类记录和材料的副本如下：

a. 关于"受审能力"（"精神上无能力，不具备进行诉讼的资格……"）的成文法，规定了确定个人的受审能力的要素和要求；

b. "起诉书"（编号：96-01-00079-I／A；01，三级，逃脱），记载"西奥多·普林斯利大约在××××年 7 月 8 日，在韦克斯勒县邦纳镇……明知未经法律许可便逃脱羁押……"

辅助记录和文件详细记载了普林斯利先生逃脱的情况，包括里弗班克州立监狱（农场）填写的"逃脱通知/身份确认表"，其中"××××年 7 月 1 日晚上 9：00 左右在该处进行了正式清点，里弗班克农场囚犯普林斯利下落不明。重新清点证实了囚犯普林斯利失踪，并于晚上 9：45 被宣布逃脱……"

所收集的其他资料［特别是韦克斯勒县检察官助理布鲁斯·康威（Bruce Conway）××××年 6 月 19 日给您的来信］表明普林斯利先生已作为逃犯在洛杉矶被捕，"于××××年 2 月 6 日左右，被转移回布伦特维尔州立监狱，并由该监狱接收……"

除了这些与普林斯利先生的逃亡有关的材料外，他的"犯罪史详细记录"也包括在这些记录和材料中；

c. 普林斯利在各种惩教机构（州立监狱）中进行的相关评估和治疗的医疗记录和材料。

这些记录和材料中与普林斯利先生本次鉴定相关的病史包括：哮喘；××××年 5 月右手的外伤性骨折（据称是由于打架引起的）及随后进行的诊断和治疗；以及××××年 4 月发生的一次闭合性头部受伤事故（据我查阅，在布兰特威的布里亚克里夫医疗中心进行了诊断和治疗，没有后遗症）。

据记录，这些年来为普林斯利先生开的药物包括柳丁氨醇吸入剂（用于治疗哮喘），布洛芬（非麻醉性镇痛药），没有精神科药物。

××××年8月（普林斯利先生逃脱前一个月）的心理评估中表明他有未来的计划，当时他希望与女友在一起并找到一份工作。

这些笔记还反映了普林斯利先生否认任何精神病史（包括治疗）。

后续的精神卫生记录（在××××年普林斯利先生逃脱被抓回后）记载他拒绝说话并且"充满敌意"，没有提及任何已知的（过去或现在）正式的精神病诊断、病史及治疗（包括服用精神药物）等情况；

2. 我们在××××年7月5日进行了电话讨论，其间，我详细说明了我先前留给您的关于我在格雷托州立监狱尝试对普林斯利先生进行面谈/检查的语音邮件，我们还讨论了此评估的其他方面。

在电话讨论中，我直接向您询问您是否认为普林斯利先生"有能力与（您）一起进行适当的辩护"（即法律规定的受审能力的最后一个要素），您的回答是他没有；

3. 我曾于××××年6月5日在格雷托州立监狱普林斯利先生所在监室（见上文）试图对其进行精神病学/神经精神病学方面的面谈/检查。前文描述了该过程。实际上，由于普林斯利先生拒绝与我讲话，我除了观察到他的退缩、愤怒、敌对和不合作的行为举止外（详见下文），没有从他那里获得有关他自己的信息。

4. 我在精神病学和神经精神病学、成瘾医学和法医精神病学方面的知识、背景、培训和经验。

类似于临床报告（例如"出院总结"），报告的下一部分（"历史"）笔者从本报告中待解决的问题的角度按时间顺序对被鉴定人的历史背景进行叙述，这种方法还可以使笔者和读者（即律师、对方律师和法院）都能明确与笔者的司法鉴定有关的问题。

历史

简要概括，我从记录和材料以及您××××年6月14日的第一封委托信中获悉，西奥多·普林斯利先生今年38岁（出生日期：××××年4月5日），单身，无子女，非洲裔美国男性，最初来自马里兰州巴尔的摩。他在少年时期涉嫌杀人罪和持械抢劫罪，后免于高等法院的起诉（在提供给我的记录材料中没有有关罪行的详细信息）。

普林斯利先生被判罪名成立，被判处无期徒刑附加7年至10年有期徒刑。如上所述，他目前正在格雷托州立监狱服刑。自被关押以来，有大约一年半的时间普林斯利先生是逃犯。

在这里，笔者转向讨论导致该鉴定的事件。

××××年7月1日，普林斯利先生从里弗班克州立监狱（农场）逃脱，一直到后来他在洛杉矶被抓获（见上文）。然后他于××××年2月6日被送回，并被关押在州立惩教署的各个机构中。

针对其在××××年越狱的指控，作为普林斯利先生的辩护律师，您安排了对普林斯利先生的本次精神病学/神经精神病学鉴定，以解决有关其受审能力的问题，具体情况如您××××年7月26日的委托书中所述（请参见上文）。

在这方面，我注意到普林斯利先生没有任何关于精神病及其治疗的正式病史（包括服用精神药物），如州立矫正机构的病历和材料中所记载的（见上文）。

除了审查上述与普林斯利先生有关的犯罪/法律和医疗记录以及材料外，该鉴定还包括对普林斯利先生的面谈/检查，包括书面心理测试、化学物质依赖性以及相关测试（请参阅附录C）。还安排了这次面谈/检查，包括您为了我赴格雷托州立监狱进行专业访问而安排的相关法院命令。

> 接下来，利勃曼博士有序地描述了所尝试进行的面谈/检查。

我去了格雷托州立监狱进行面谈/检查，那里的工作人员知道计划中的鉴定。温斯洛上尉把我带到监狱的行政隔离部门，然后带到普林斯利先生的牢房外（第283牢房）。

温斯洛队长不想让我在牢房外面谈/检查普林斯利先生，因为如队长告诉我的那样，最近几次普林斯利先生被带到牢房外面的时候，他拒绝返回，并意图攻击要把他送回牢房的惩教人员。

开始，我坐在惩教人员搬的放在普林斯利先生的牢房外面的椅子上，并通过他牢房右侧的垂直狭缝窗观察他（普林斯利先生从内部用胶带将窗底部大约占窗户总长度的四分之三贴上。目测留有大约8英寸~12英寸的空隙，我能观察普林斯利先生）。

我观察普林斯利先生，注意到他是个中等身材，中等体重，发育良好的非洲裔美国男子，身穿棕褐色格雷托州立监狱囚服，头上戴白毛巾。我试图与他沟通时，普林斯利先生在牢房中走动，从他的床（在远处的墙那边）走到似乎是一个水池的地方（在近处的墙上，紧邻牢房的门）。

我大声地对普林斯利先生说，他含糊不清地讲了一些我听不懂的话，并示意我朝他牢房门能打开的那一侧移动。我听到沉闷的声音（我以为是普林斯利先生在对我说话），于是靠过去朝开门的那侧弯下身，以便更好地听见普林斯利先生。

这时，我的脸、头发和肩膀上被普林斯利顿先生泼了常温的无味不明液体，是通过他的牢房门的缝隙泼的。温斯洛队长经我同意立即终止了面谈，然后我离开了牢房门。我去附近的护理站，用温水冲洗了脸和眼睛，用肥皂洗了脸、眼睛、头发和外套，然后重新洗了一遍脸和眼睛。

液体引起短暂地刺痛，但在我冲洗面部、头发、肩膀和外套后就消失了。

发生此事件后，温斯洛队长和图尼警官要求我填写一份事件报告表（"特殊表格"），我填了。先前的通讯中已给您该报告的副本，现再附加一个副本。

如上所述，这种非常有限的面谈/检查是不完整的。如果您愿意，我愿意再次尝试面谈/检查普林斯利先生，尽管根据格雷托州立监狱惩教人员对他过去数周、数月的行为表现的报告，我的专业意见是，这种尝试成功的可能性极小。

> 在报告的这一部分，由于此鉴定报告笔者未能进行完整的"精神状态/精神病学检查"，因此就转入"临床诊断印象"和"总结和意见"的组合，给出了对普林斯利先生的受审能力的合理判断，并对该问题给出了直接的意见，也说明了本报告的不足。报告书直接提到了诈病问题（几乎始终是法医实践中存在的问题），笔者还给出了具有一定合理医学可能性的精神病学/神经精神病学观点，认为普林斯利先生不具有受审能力，由于他缺乏"与律师配合充分陈述辩护的能力"。

接下来的几段给出了笔者对普林斯利先生的受审能力的直白的法医专家意见，描述了不完整的面谈/检查是如何支持专家的意见的。

基于所有可用的材料来源，包括我的临床观察和对普林斯利先生当前精神状态和精神病学/神经精神病状态的推断，作为一项实际临床问题，我的（具有一定合理医学可能性的）精神病学/神经精神病学意见是，截至我尝试对普林斯利先生进行面谈/检查之时，他的不可知精神状态（精神病/神经精神病状况）支持如下法律/法院裁决，即他目前以及在合理的可预见的未来不太可能具有受审能力。因为他目前以及在合理的可预见的未来缺乏"与律师（您）配合充分陈述其辩护的能力"。

尽管目前我无法给出有关普林斯利先生的（精神病学/神经精神病学）临床诊断印象；虽然我知道他没有精神病史或精神病治疗史；虽然我从讨论中了解到，普林斯利先生过去曾与您交谈并与您配合，但作为当前（以及可预见的未来）现实的临床问题，普林斯利先生的退缩、拒绝参与和不合作的行为损害了他"与律师一起充分陈述其辩护的能力"。

从临床角度看，普林斯利先生目前临床表现的鉴别诊断（即可能导致个人临床表现的因素、诊断、临床状况或其他问题）包括诈病、精神病性状态或精神病前期状态等。

目前，虽然我不知道其原因，但我再次表明，实际上，普林斯利先生的临床表现——以我的专业精神病学/神经精神病学观点看——使他目前丧失了"与律师一起进行适当辩护的能力"。

> 最后，利勃曼博士撰写了惯例性的免责声明，将其法医鉴定报告与纯临床报告区分开来。

我按照有关独立医学检查的限制性规定，根据具体案情，对被鉴定人进行了检查。因此，没有给予或建议治疗，也不存在医患关系。

我确认，本报告所包含的信息由签名人撰写，是签名人的工作。根据我所掌握的知识和材料，这是真实的，除签字人外，未经其他任何人修改。

如果您对此鉴定和报告有疑问，或者如果您需要我做进一步的与此有关的工作，请告知我。

非常感谢你。

克劳斯·利勃曼（医学博士，理学硕士）

美国精神病学和神经病学委员会（P）委员

美国成瘾医学学会认证会员

案例分析与概述

本案中，普林斯利先生有很长的精神病史，他长期的犯罪行为、多次判决和监禁使得诈病和精神病性精神障碍的叠加具有相当大的有效性。

最终，专业精神健康顾问/鉴定人无法就普林斯利先生是否具有受审能力的基本精神状态（精神病学/神经精神病学/成瘾医学状况），推断作出（具有一定合理医学可能性的）专业性意见。鉴定人大约两周后返回，再次尝试进行评估，结果与第一次相同。

在程序上，在精神健康顾问/鉴定人试图与他面谈/检查时，普林斯利先生因多项罪行被长期监禁（延长刑期），他的监狱服刑期又增加了 25 年。

从第 1 章讨论的要点的角度来看，由于法院对本案涉及的所有人员施加的时间压力，从利勃曼博士被法院聘请到出具评估报告，总共只有两个星期。这凸显了快速响应并积极与所有涉案人员（特别是审判法院法官）进行沟通的必要性。根据我们的经验，法院指定的鉴定中尤其如此。

第二次尝试的大约两个月后，普林斯利先生被法院命令转移至治疗刑事罪犯的州立精神病医院（州立的精神卫生机构，对矫正场所中需要更强的治疗水平的罪犯进行诊断和治疗；这些机构有各种各样的名称，包括"刑事罪犯精神病医院""法医中心"等）。在那家医院，普林斯利先生最初拒绝接受精神药物（包括抗精神病药物）。但是，在普林斯利先生暴力攻击医院工作人员事件之后，他被强制服用抗精神病药物数月。这种药物治疗没有产生临床上的显著改善。但是，它的确降低了普林斯利顿先生的暴力行为水平和危险程度。

实际上，普林斯利先生的受审能力问题仍未得到解决，他的逃逸指控也仍未得到解决。

州诉威廉·克雷奇（State v. William Kreech）

案例概述：诈病

本案需要确定因性犯罪而入狱的被告威廉·克雷奇（William Kreech）是否对另一项对他在押期间的指控具有受审能力。最高法院法官斯蒂芬·A. 道格拉斯（Stephen A. Douglas）（高级法院法官）为此聘请了精神科医生汉斯·波尔特（Hans Poulter）。波尔特博士的报告如下。

报告

精神卫生专业人士经常评估的最基本的法医问题之一就是被告的受审能力。但是，与法医精神健康评估中的许多其他领域一样，在解释被评估人的能力状态时可能会存在很多主观性，这使鉴定人对被鉴定人是否可能存在伪装精神症状的动机持怀疑态度，并要求鉴定人对被鉴定人的临床表现进行鉴别诊断时考虑诈病。先前的报告"州诉西奥多·普林斯利"一样，本报告的笔者以直接、简明的方式陈述了报告的性质和范围，即使所讨论的问题本身并不直接。

在我们就上述问题进行了电话讨论和通信之后，我现就我对威廉·克雷奇先生的精神病学/神经精神病学评估给您撰写报告。

本报告是应您的要求提供的，旨在对与克雷奇先生在瓦力监狱发生的事件的受审能力这一司法精神病学问题有关的精神状态（精神病学/神经精神病学状况），为您提供我的（具有一定合理医学可能性的）精神病学/神经精神病学意见。事件中，克雷奇先生两次用他的备用衣服在牢房里纵火，最终达成了在州立监狱中再关押四年的认罪协议。我从××××年1月6日我们有关此事的电话讨论中了解到，克雷奇先生目前因涉嫌性犯罪而在州立监狱服刑，在纵火事件之前，他已于××××年获得假释资格。

尽管有关克雷奇先生在瓦力监狱的近期情况尚不清楚，但他通过瓦力监狱监察员（辩护）程序告诉了法庭，他正在服用瓦力监狱专业医护人员开的药。他还告诉监察员，该机构的工作人员已评估了他对于该事件的受审能力。据称，他被工作人员评定为具有受审能力。虽然这是由克雷奇先生报告的，但据我了解，尚无任何此类鉴定的文件可供查阅。

> 由于对克雷奇先生的受审能力有疑问，高级法院法官亲自安排了法院指定的精神卫生鉴定人进行客观的心理检查，以便独立客观的鉴定人来进行这种困难的评估。通常，这种能力鉴定由辩护律师安排，而在复杂案件中，州（检方）会聘请另一位鉴定人再次进行鉴定。

无论如何，正如您在"专家证人申请表"的"使用专家和理论的理由或可采性"部分所述，"当事人在州立监狱中。他在监狱里纵火，不愿或无法协助律师。需要确定是否具有（受审）能力和是否可能属于因精神错乱而无罪"。

> 可供本鉴定查阅的记录和材料非常有限，主要是因为法院的关注（将由法医鉴定人解决）仅集中于克雷奇先生目前的和可预期的未来的与他的受审能力有关的精神状态（精神病学/神经精神病学状况）。本报告接下来将讨论有关本鉴定的法院命令。

在此介绍性背景和信息的基础上，我注意到，在这次鉴定中，迄今为止，瓦力监狱的病历和材料，以及近期州南部监狱的病历和材料（克雷奇先生已转移到该机构），如下所述，我均无法查阅。如果情况发生变化，并且此类信息极大地改变了我对本案的专业意见，那么我希望将来能为您提供一份其中包含此类信息的补充报告（如有指令和要求）。但就目前而言，我重申该鉴定报告是针对临床的，是基于我在邦纳县监狱对克雷奇先生的面谈/检查出具的，由于本鉴定的相关程序需要，克雷奇先生已临时移送至该机构。

最后，在背景和历史方面，我注意到我对克雷奇先生的面谈/检查是在××××年 9 月 10 日。这是三次尝试面谈/检查克雷奇先生中的第三次：第一次预定于××××年 5 月 11 日在瓦力监狱进行，但是那时克雷奇先生已被转移至州南部监狱，但事先未通知您。我安排的第二次对克雷奇先生的面谈/审查是在××××年 8 月 23 日在邦纳县监狱进行；但是，当我到达该机构时，工作人员告诉我，没有足够的安全措施来支持面谈/检查。我于××××年 9 月 10 日返回并对克雷奇先生进行了面谈/检查。然而，由于克雷奇先生不太合作，这次面谈/检查并不完全令人满意。

本次评估的项目含在以下关于本案的法院令摘录中，该法院令由尊敬的最高法院法官约翰·杰斐逊（John Jefferson）签发。

> 接下来是道格拉斯法官关于（受审）能力评估的法院令的一长段摘录，重申并强调了评估中要解决的具体问题。

根据（相关法规），被告人应于××××年 5 月 11 日下午 1：30 在瓦力监狱由汉斯·波尔特博士进行检查，直到检查完成，以确定是否有必要住院对其受审能力进行评定。由于被告是瓦力监狱的因犯，在鉴定过程中监狱工作人员应允许在监狱进行检查，允许接触相关精神科临床医生并提供他们所掌握的相关精神病学或心理学报告……如果汉斯·波尔特博士认为不需要住院以进行受审能力检查，则应由有资质的精神科医生或有执照的心理学家在监狱中进行检查……如果有资质的精神科医生或有执照的心理学家确定需要进行住院治疗以进行受审能力检查，则被告应被羁押于公共服务场所，期限不超过 30 天……有资质的精神科医生或有执照的心理学家的鉴定结果应以书面报告形式提交本法院，并应包括：

a. 对鉴定性质的描述；

b. 对被告精神状况的诊断；

c. 关于被告是否有能力理解针对他的诉讼并协助进行辩护的意见；

d. 关于被告目前受审能力的意见；

e. 关于如果被释放到社区，被告的精神状况是否会给自己、对他人或财产构成危险的意见。

> 波尔特博士接下来写了最后一段，总结了引起当前评估的原因，并描述了评估的性质和范围。

如上所述，据我了解，克雷奇先生在"我不知道具体日期"（他的原话）的近期曾两次用他的备用衣服纵火，他"两次被指控二级纵火"（摘自杰斐逊法官的"对被告人的受审能力及由于精神疾病造成对自己、他人或财产的危险进行精神病学或心理学检查的决定书"）。鉴于克雷奇先生的陈述、既往精神病史、明确的精神药物治疗史，现委托进行本精神病学/神经精神病学评估，以期得到有关克雷奇先生的受审能力的精神状态/精神病学/神经精神病学状态的进一步建议（如住院）。

> 报告简要介绍了克雷奇先生的历史，接下来重点介绍面谈/检查结果、印象和评估者的意见，与上一份报告一样，对这些观察、发现、印象和意见作了简洁的介绍，以加强与法院的沟通（法医精神卫生专家的一项重点工作）。

面谈/检查于××××年 9 月 10 日在邦纳县监狱一层的会见室进行。克雷奇先生是一位身材高大、营养良好的高加索男性，身着深绿色邦纳县监狱短袖外套，穿着徒步旅行靴子。

我向他介绍了自己，确定了他对面谈/检查目的和范围的理解，并告知了他鉴定可能具有的非保密性。他告诉我这对他来说是可以接受的。然后，我们进行了面谈/检查。

在整个面谈/检查中，克雷奇先生未保持目光接触，不时凝视着天空，并说他正在听到声音。

最初，我问克雷奇先生，他对我的身份有何了解，为什么他在邦纳县监狱，他作了回答，但说：“我不知道。你在哪？我们在哪？我们要去哪儿？”我继续向克雷奇先生介绍自己，并告诉他这次面谈/检查及鉴定的性质和目的。我专门告诉了他我对他在瓦力监狱放火烧床垫以及由此引起的针对他的违反监规的指控的理解。然后我问他，有关烧掉床垫的事情他会告诉我什么？他说：“我想躺在床垫上，把自己送到地狱。把自己烧进地狱……”在回答我关于他烧了几次床垫的问题时，克雷奇先生回答“六次”。在回答我关于他在哪里烧床垫的问题时，他说他不知道，但是“我的朋友巴比·M 会告诉我”。我还问了他有关邦纳县监狱医务室给他的药物的情况和他被转移到州南部监狱的服药情况，他告诉我：“有很多药，我不知道它们是什么。”我重复了这个问题，得到的回答还是“我不知道”。那时，我预计克雷奇先生不会就其背景、历史、烧床垫事件的经过等方面进行进一步合作，我根据我所了解的适用的成文法对受审能力的几个要素进行了审查，克雷奇先生的答复如下：

· 对于对克雷奇先生的指控，他说“我不知道”。

· 关于时间、人物、地点及环境等定向问题以及这次面谈/检查的原因，他告诉我，他认为自己“在监狱，但不太确定”。

· 根据克雷奇先生的说法，法院是“一群猪，在烂泥里玩，喝咖啡，吃稻草”。

· 据克雷奇先生说，法官是“魔鬼。我听说一些有关他的事。恶魔随时可以来，带着剃刀加入他"。

· 根据克雷奇先生的说法，陪审员"是恶魔。他们有六个人"。

· 克雷奇先生说，检察官是"魔鬼的拥护者，他的儿子，（也是）魔鬼"。

· 克雷奇先生说，辩护律师是"滚烫的热水，沸腾地流入地狱，事先与魔鬼握了手"。

· 克雷奇先生对辩诉交易/谈判过程的理解是："我不知道，我不知道，我只知道死亡和自杀。全是与血有关的东西"。

· 关于是否可以强迫某人为他/她自己作证，克雷奇先生的回答是"不"。当我问他为什么时，他回答说："我不知道"。

· 最后，克雷奇先生对他目前配合辩护律师充分为自己辩护的参与能力的看法是："我不知道"。

> 接下来波尔特博士在报告本节的最后两段中总结了他的所见。

克雷奇先生的临床表现已经讨论过。在整个面谈/检查中他并没有与我配合，而且在他对面谈/检查性质的理解与对我的某些问题（尤其是关于他的受审能力状况）的理解之间的矛盾表明存在明显的伪装，不熟练地力图模拟精神病（例如，他对我关于陪审员是什么的问题有认识——"他是恶魔"——在我看来，这是克雷奇先生伪装精神病的笨拙尝试）。

克雷奇先生其他方面的表现如上所述。在上述的整个面谈/检查过程中，他没有保持目光接触，盯着天空，毫不令人信服地对我说他正在回应声音，"我不知道，就是声音"。

> 本报告的"临床诊断印象"以及"总结和意见"部分合并在一起,未作为单独部分列出。然而,正如报告末尾所表达的那样,鉴定人的直接意见是"威廉·克雷奇在接受面谈/检查时的临床表现与伪装精神病相吻合,他确实具有了解针对他的诉讼程序并参与辩护的能力。"

从诊断的角度来看,尽管我知道克雷奇先生可能有独立于诈病之外的精神病史和合法的精神病诊断,但是,由于他的不合作,没有关于他的历史或现状的其他医疗记录和材料(如果存在的话)可供查阅(例如,来自州南部监狱和邦纳县监狱的医疗部门的医疗记录和材料);由于我没有关于克雷奇先生的精神病学背景和病史的独立信息(如果存在的话),因此我目前能通过此评估得出的诊断性意见是,克雷奇先生是伪装精神病,可能追求附带获益的目的(例如,从监狱中出院并转入贝威精神病医院),而且在我看来,他对精神病的模拟是不熟练且无效的。

关于(在上述法院命令中描述的)克雷奇先生被转交给公共服务专员,延长克雷奇先生的住院时间,以对其受审能力进行法医精神病学鉴定,尽管从临床角度看,这种额外的观察对于澄清克雷奇先生精神状态以及精神病学/神经精神病学/成瘾医学(如果适用的话)的状况和诊断是有用的,但就我的专业观点而言,这种延长时间的鉴定对于解决克雷奇先生目前(以及可预期的将来)的受审能力状态而言,以我对于相关法规的理解,是没有必要的。

> 在报告即将结束时，波尔特博士再次要求提供任何其他记录和材料的副本，以备将来可能需要补充报告时进行查阅。这样的请求（实际上是免责声明，表明其他记录可能带来的印象和意见的变化）是每一份专家报告都应常规性提出的。补充的记录和材料几乎总是可以获得的，这类材料对专家意见的潜在影响在查阅之前简直是无法得知的。

关于这最后一点，出于上述原因，我要求提供克雷奇先生档案中可能有的犯罪/侦查记录和材料，以及医疗/精神病学材料的副本。如果从这些额外的材料中得到的信息极大地改变了我的（具有一定合理医学可能性的）专业精神病学/神经精神病学意见，那么未来，如果有指令和要求的话，我希望为您提供一份整合了这些信息的补充报告。

但是，就目前的目的而言，我的（具有一定合理医学可能性的）精神病学/神经精神病学意见是，首先，威廉·克雷奇先生在我进行面谈/检查时的临床表现与伪装精神病是一致的。另外，他确实具有"了解针对他的诉讼程序并协助为自己进行辩护的能力"。如果他愿意的话，他现在是具有受审能力的。由于他目前的诈病以及最近有两次在其瓦力监狱牢房中用衣服纵火的事实，这样不确定的精神病/神经精神病的病情和表现，在接受我的面谈时以及之后的合理的可预见的未来，他确实对自己、他人和财产构成了危险。

> 最后，波尔特博士撰写了惯例性的声明，将其法医报告与纯粹的临床报告区分开来。

按照关于独立医学检查的限制性规定，我根据案件的具体情况对被鉴定人进行了检查。因此，可以理解为没有给予治疗或建议治疗，也不存在医患关系。

我确认本报告中包含的信息由署名人准备，是署名人所撰写。我也确认，这是真实的，除署名人外，未经其他任何人修改。

若有关于此案的进一步的犯罪/侦查以及医疗/精神病学记录和材料（如上述与该鉴定有关的法院命令中所述），请告知我。

同时，如果您对此鉴定和报告有疑问，或者如果您在此问题上需要我提供其他服务，请随时与我联系。

非常感谢你。

真诚的

汉斯·波尔特（医学博士、理学硕士）

美国精神病学和神经病学委员会（P）委员

美国成瘾医学学会认证会员

案例分析与结果

与临床实践不同，在法医精神卫生实践中，鉴定人必须对被鉴定人给出的病史和临床表现的动机和真实性保持怀疑态度。从这个意义上说，在对被鉴定人的鉴别诊断（可能导致案件的司法鉴定中出现的临床表现或综合征的各种情况）中，必须始终考虑到诈病。在本案中，克雷奇先生缺乏任何已知的达到精神病程度的精神病史，再加上他的荒谬和刻板的临床表现（仿佛在模仿一个疯狂的病人），导致鉴定人的意见是，推断在鉴定检查时，克雷奇先生的基本精神状态（精神病学/神经精神病学/成瘾医学状况）属于伪装精神病，而不属于丧失受审能力。

此外，在本案中，鉴于克雷奇先生在鉴定之前和鉴定时的危险和暴力的行为方式，鉴定人认为在合理的可预见的将来，尤其是在符合他的意图的情况下，克雷奇先生很可能再次以危险的方式行事。这一意见也支持了克雷奇先生在面谈/检查期间一直在诈病的猜测。

在本案中，在波尔特博士进行初步评估大约三个月后，克雷奇先生又烧了一张床垫。在对他进行调查的过程中，他"承认"（他的原话）他之前曾纵火以"试图看起来疯了并被送往医院"（他的原话）。当他最终意识到这种策略不会奏效时，他"放弃了，我承认……我不会再这样做了。"因此，波尔特博士没有必要进行跟进和补充报告了。

州诉阿道夫·泰勒（State v. Adolph Taylor）

案例概述：（性）虐待儿童

在此案中，被告阿道夫·泰勒（Adolph Taylor）被指控犯有多项涉及他女儿的性侵犯罪，时间跨度包括女儿的儿童期和青少年期。辩护律师保罗·吉德里（Paul Guidry）先生要求进行评估以确定被告是否可能存在减轻刑事责任的辩护。律师聘请了柯蒂斯·博林杰（Curtis Bollinger，医学博士、公共卫生学硕士）进行相关评估。博林杰博士的报告如下。

报告

> 本案鉴定目的明确，属于经典的法医精神病学问题，即对被指控的犯罪行为进行减轻刑事责任（在"法律性精神错乱"的情况下免除）的精神病辩护的适用性问题，并遵循第 1 章所述的完整的基于临床的报告格式，在引言之后，首先讨论该报告的性质、范围、所要解决的问题和报告的目的，然后总结并列出用于评估的信息来源（包括所查阅的记录的摘要）。

在就上述问题进行了电话讨论和信函往来之后，根据以下信息来源，我为您撰写本人对阿道夫·泰勒先生的精神病学/神经精神病学/成瘾医学评估的报告。

我于××××年 8 月 10 日在巴特勒县监狱对泰勒先生进行面谈/检查，正如您和我在此后不久所讨论的，我关于本案中泰勒先生在他涉嫌对女儿玛贝尔·泰勒（Mabel Taylor）性犯罪期间的精神状态（精神病学/神经精神病学/成瘾医学状况）的精神病学/神经精神病学/成瘾医学意见是不支持"传统的"（我的用词）减轻刑事责任的精神病辩护，例如"法律性精神错乱""限定刑事责任能力"和/或"醉酒/中毒"等。

> 尽管本案中泰勒先生涉嫌犯罪时的精神状态或临床状况并不涉及药物滥用问题，但博林杰博士的评估范围包括调查本案中可能存在的药物滥用问题。因此，在本报告全文中使用"精神病学/神经精神病学/成瘾医学"的用语。

同样，由于我在此问题上的精神病学/神经精神病学/成瘾医学意见也不支持这样的法律/法院的裁定，即泰勒先生在本案中被审问时无法"明知、有足够智力和自愿"地放弃其宪法权利，我不按有关泰勒先生在其几起犯罪中的精神状态的常规的法医精神病学/神经精神病学/成瘾医学评估报告来撰写本报告。

相反，在列出并讨论了我所查阅的与此鉴定报告相关的记录和材料之后，我将介绍并讨论泰勒先生对女儿性侵犯的背景和历史；将从侦查记录和材料的角度、他本人的角度以及调查和后果的角度进行介绍和讨论；将介绍和讨论我对泰勒先生的精神病学/神经精神病学方面的观察所见；将介绍并讨论我对泰勒先生的临床诊断印象；本报告的结束部分（在报告的"总结和意见"部分）以泰勒先生的精神科/神经精神科疾病状况为基础，以临床为导向进行了讨论，并从临床精神病学/神经精神病学视角提出对他的处置建议，这些建议以在本案中具有可行性为限。

在概述了报告的范围和结构之后，博林杰博士接下来介绍并总结了报告的依据。

鉴定报告所依据的资料来源如下：

1. 我所查阅的，您的办公室就本案向我提供的犯罪/法律/侦查记录和材料罗列如下［由于下述原因，本案中没有任何医疗、临床记录（或材料）可供查阅］。

××××年7月18日至7月26日之间性侵犯事件有关的犯罪/法律侦查记录和材料，其中阿道夫·泰勒先生被指控"通过强迫（的方式）与玛贝尔·泰勒进行性交……在其不同意的情况下……确实与他人有不雅接触和/或确实导致他人与他不雅接触（他人即玛贝尔·泰勒）……并且……明知地，或者不顾合法性或养父母与养子女的关系……与他人（即玛贝尔·泰勒，他亲生的女儿）发生过性关系。"（部分摘自本案"警方刑事起诉书"）。

在"可能原因宣誓书"中，宣誓人［米德尔维尔警察局犯罪侦查员波特·万斯（Porter Vance）］记录了以下罪行的背景和历史：

"××××年 7 月 26 日，巴特勒县米德尔维尔，温布利路 18 号的受害者玛贝尔·泰勒向米德尔维尔警察局报告，她遭到亲生父亲被告人阿道夫·泰勒性侵犯。她回忆自 6 岁起被告人就以不适当的方式抚摸她。她说，大约 10 岁起，他就开始与她进行性交。此后大约每两周进行一次性交"。

"××××年 7 月 18 日大约 8：00，在巴特勒县米德尔维尔温布利路 18 号，被告人要让她进入洗手间，因为他想性交。××××年 7 月 20 日在他们经常发生性交的他的卧室里再次发生性交……受害人表示，如果她告诉任何人或不服从的话，被告人会反复威胁要伤害她和她的猫，或者把她的猫踢出家门"。

"过去，包括××××年 5 月在内，被告人曾抓住她的胳膊，强迫她与他性交。受害人的背上确实有瘀伤，据说是被被告殴打的……宣誓人同时也是警探的布鲁于 7 月 26 日在温布利路 18 号的住所中执行了搜查令"。

"警探布鲁告知了被告执行搜查令的合理依据，××××年 7 月 25 日被告承认了他与亲生女儿发生过性关系。"

"然后，被告被告知其米兰达权利，他进一步承认在过去四年中每周与受害者——他的亲生女儿进行性交。其中包括两次肛交。被告承认他知道对受害者这样做是错误的……"

这组材料中还包含其他犯罪/法律发现记录和材料、补充侦查报告以及其他此类记录。

执行搜查令的合理依据宣誓书（调查员万斯在其中是宣誓

人）内容如下：

"××××年7月21日，受害人玛贝尔·泰勒向米德尔维尔警察局举报，她被父亲阿道夫·泰勒（出生日期：××××年1月14日，住址：巴特勒县，米德尔维尔黎巴嫩街1242B，02-××-××××号）强奸。

"受害者说，阿道夫·泰勒使用威胁和恐吓手段强迫她服从自己。大约8时许，阿道夫·泰勒让她进入卧室，他脱下了她的睡裤和内裤，并与她发生了性关系。"

"射精之前，他将阴茎从她的阴道中拔出，并将精液射在一块多色的条纹浴巾上。据受害人所知，阿道夫·泰勒并未清洗他卧室中的床上用品，也未洗浴巾。"

最后，侦查记录和资料中还包括阿道夫·泰勒的手写陈述，由布鲁警探抄写，日期为××××年7月26日（晚上10：40），制作地点为泰勒先生的家中和米德尔维尔警察局总部。

声明的开始是泰勒先生签署的米兰达权利豁免书，其中由警探对本文件中的六项中的每一项都分别标明了"Y"（"是"）。（根据泰勒先生的回忆，由于泰勒先生的认知局限性，这点将在下面进一步详细讨论，可能是警探向泰勒先生朗读了米兰达条款，并且警探以"Y"表示泰勒先生理解和同意。）

有关这些记录和材料中包含的更多详细信息，请读者自行参考。

> 泰勒先生没有重要的医学或临床记录或材料可供审查。他自己的历史将在报告的后面进行讨论，其长期的认知障碍值得注意。他所提到的骨科病史也没有记录材料或其他文件可以确认或反驳。

2. 我在巴特勒县监狱的会见室中对阿道夫·泰勒先生进行

的精神病学/神经精神病学面谈/检查，其中包括两种标准化的认知筛查测试（简明精神状态检查，即 MMSE；认知能力筛查考试，即 CCSE）的施测以及随后的评分和解释，以及一项非标准化的"过去病史"调查表（由于泰勒先生的认知局限性，下文将对此进行详细说明，我在询问他有关个人历史的问题后完成了该病史调查表）。

3. 我在精神病学和神经精神病学、成瘾医学和法医精神病学方面的知识、背景、培训和经验，尤其是就当前情况而言，我多年来在各种类型的器质性脑综合征，包括获得性的（例如患有闭合性头部外伤和其他类型的颅脑外伤的患者）以及先天性的（患有各种发育障碍、阅读障碍、注意缺陷多动障碍，智力低下等的患者）方面的工作和经验。

> 报告接着在"历史"部分介绍了被指控的案犯的背景和历史，以及本案所涉罪行，尤其是讨论了他在本案中的若干犯罪方式和时间。

历史

阿道夫·泰勒先生是一位寡居的白人男子，现年 60 岁（出生日期：××××年 1 月 14 日）。他的已故妻子吉纳维芙·希克斯·泰勒（Genevieve Hicks Taylor）××××年 7 月去世，享年 47 岁。泰勒夫人在当地一所大学从事食品制备工作，她的认知和智力受限，她在六年级时就辍学了，她 16 岁时被安置在一个集体之家中。据泰勒先生回忆，这对夫妇于××××年 8 月结婚。泰勒先生在米德尔维尔温布利路 18 号楼上的公寓中居住了 27 年（即直到因上述指控被捕和监禁之时）。他在当地的一家五金商店当了 14 年货品管理员后退休。

泰勒先生自述他已通过巴特勒县社会服务部加入补充保障收入项目，并且他"两次看过精神科医生"以对其补充保障收入情况进行评估（没有有关这些报告的咨询记录或材料可供查阅）。

泰勒先生和他的妻子有一个女儿，玛贝尔·玛丽·泰勒（出生日期：××××年 10 月 29 日），由于癫痫病和发育障碍，她是残疾人并是纳入补充保障收入项目的患者。

泰勒先生有五个兄弟姐妹（三男两女，目前三人在世），排行第三。他兄弟姐妹的年龄从 56 岁［弟弟雨果（Hugo），单身，是一名受过训练的职业水管工，目前因性犯罪被监禁 10 年，目前"因内出血濒临死亡"］到 62 岁［姐姐威尔玛·泰勒（Wilma Taylor），由于失明而领取退休金］。

此外，泰勒先生有一个单身的哥哥劳伦斯·泰勒（Lawrence Taylor），他在××××年 7 月的一次交通事故中死亡，享年 52 岁；还有一个妹妹埃瑟尔·塞林格（Ethel Sailinger），××××年死于癌症，享年 50 岁。她有两个儿子和两个女儿，都 20 多岁。她丈夫，××××年在伊利诺伊州的一次抢劫事件中被杀。

泰勒先生的父亲杰瑞·泰勒（Jerry Taylor）64 岁去世，泰勒先生不知道他父亲的死亡原因。他的母亲贝莱·泰勒（Belle Taylor）89 岁去世，患有阿尔茨海默病。

> 博林杰博士还讨论了受害人母亲的背景和病史，以使核心家庭成员的临床情况更完整。

出于当前的目的，我还注意到泰勒先生对已故妻子的家族历史的叙述：泰勒夫人是六个兄弟姐妹（三男三女）之一，其中五人仍在世。据泰勒先生说，除了他已故妻子有发育障碍/智力低下外，她的另外两个兄弟姐妹，即现年 45 岁的弟弟保罗和现年 67 岁的姐姐贝丝也都认知受限，并且可能是发育残障/智障人士（泰勒先生不知道其已故妻子的父母这方面的情况）。

泰勒先生已故妻子的离异的 62 岁哥哥约翰·希克斯是（John Hicks）泰勒先生在陈述自己与女儿发生性关系案件时提到的舅舅之一，"因为她的舅舅们有过"。另一个舅舅可能是现年 58 岁的查尔斯·贝尔先生，也可能是发育障碍/弱智，具体情况我不是很清楚（泰勒先生的举止、表现以及临床精神病/神经精神病的状况将在下面进行详细讨论）。

泰勒先生对此评论说，"戴维·费斯特（David Feist）和我是唯一遇到麻烦的人"，因为他们被指控对玛贝尔·泰勒实施性侵犯；他还告诉我，他的姐夫也因这样的指控而被监禁在巴特勒县监狱。

据泰勒先生所知，他的家族有几种慢性病的家族史，包括心血管疾病［他的父亲死于心肌梗死，心律不齐；他的母亲患有脑血管意外（"中风"）、心肌梗死，死于上述的阿尔茨海默病］；肿瘤（癌症）疾病（他两姐妹中有一人可能死于骨癌）；神经系统疾病（他的母亲患有阿尔茨海默病）；精神/神经精神科疾病（如上所述，几个家庭成员，可能患有发育障碍/精神发育迟滞）。

泰勒先生否认有任何已知的肺部疾病、代谢/内分泌失调、胃肠道/肝炎疾病、传染病（包括性病和艾滋病毒）和化学物质依赖性疾病家族史。

接下来，报告直白地从临床角度陈述泰勒先生的个人史、既往史和发育史。报告从与泰勒先生的长期发展障碍和认知障碍历史有关的发育问题开始。

关于他自己的背景和历史，泰勒先生说，他不知道母亲怀他是否是有计划的，也不知道母亲怀孕、分娩的具体情况，或者她是否喝酒或滥用药物，或在怀孕期间有无妇科问题（例如子痫，高血压等）。他也不知道自己的出生体重，也不知道他父母的医疗保健提供者或学校有关泰勒先生的发育迟缓、残疾、先天性智力低下或其他此类障碍等是否有任何疑问。

> 对泰勒先生后来的生活可能起作用的精神病学/神经精神病学/成瘾医学发展因素尚不清楚，也没有通过医学、临床或相关记录或材料进行记录。只有泰勒先生对自己历史的有限回忆（充其量是不可靠的）才可以提供有关信息。

泰勒先生的家人在他出生时就住在哈雷维尔，据他回忆，他的父亲在当地的公墓工作，"割草，挖坟墓"。

泰勒先生说，从出生到上幼儿园（5岁）之前，他没有任何特别的记忆。但他回答了我的具体问题，即在童年时期及以后，没有被家人或其他人在身体、情感或性方面虐待他。

从离开幼儿园到小学五年级，泰勒先生在布鲁克伍德小学上学，读的是特殊教育课程，他感到灰心，但"听天由命"了，并意识到"我的成绩不好，阅读不好"。

泰勒先生六年级、七年级和八年级时，他的家人搬到了普罗克特，泰勒先生说，在那里他们住在乡村："一所带外屋的房子，我们没有建浴室。"一家人随后搬回了哈雷维尔。

随后，泰勒先生从九到十二年级就读于格雷森高中。他于××××年21岁时毕业，曾3次留级（在我的面谈/检查中他不记得是哪个年级）。

> 尽管在本案中无法进行审查，但是民事或刑事案件中，学校和职业记录对发育障碍者的法医心理健康评估可能非常有用。儿童研究小组的记录（如果有且适用），在多学科评估之时对描述（以前）学生的临床背景和状况可能特别有用。

这些年来，泰勒先生一直与家人住在一起，直到××××年他结婚。如上所述，他的父亲于××××年去世，之后泰勒先生与母亲一起生活了 11 年。

泰勒先生在一个认知障碍人士的培训中心与他的妻子吉纳维芙·希克斯相识，大约一个月后与她结婚。泰勒先生说，他的妻子"想离开集体之家"。之后这对夫妻进入了"计划——她怀孕了——玛贝尔·玛丽于××××年 10 月出生。"

泰勒先生认为妻子和女儿在认知上都"慢"。例如，他的妻子"在某培训中心做食物准备工作两年，然后被解雇，没有再回去"。

女儿玛贝尔出生后不久就"被带离了我们……她的右腿和肩膀骨折了……虐待儿童……一个月大时被带走安置在寄养处，直到两岁半。我们把她接回来时，有她低钙的记录。我的妻子很容易生气，常有癫痫发作，有虐待倾向……尖叫。"

尽管在女儿小时候他们与女儿之间有一些问题，但泰勒先生称在婚姻的头 11 年他们的"婚姻很好，身体健康，生活稳定，我当时有工作"。泰勒先生称从××××年到××××年，"也还好"。但是"吉纳维芙的癌症始于××××年。她为此遭受了两年半的痛苦。"

> 在报告的这部分，在介绍了泰勒先生涉嫌虐待儿童罪行的背景和历史之后，博林格博士描述了泰勒先生对这些罪行的陈述。

泰勒先生陈述了他与女儿发生性行为的经过，他告诉我说，他"第一次与玛贝尔发生性关系"是在她 16 岁时。"我妻子病了，没有和我做爱。我转向玛贝尔。我当时就知道这是错误的，但是我这么做了（添加着重号，参见下文）。我问她行不行，她把房间的窗帘拉下来，脱下裤子，走进我的房间，躺在床上，然后我们发生了性关系。这事发生时，我的妻子在楼下。她什么也没说，但是一年后她告诉了我关于约翰（约翰·希克斯，玛贝尔的舅舅）的事情。我的妻子不相信我的女儿所说的约翰与她发生性关系的事。只是发生了一次，口交。是玛贝尔告诉我的。"

泰勒先生说，"直到我被捕为止"，他大约每月与女儿做爱两次。

> 博林杰博士在"历史"部分的结尾处简要介绍了泰勒先生对因涉嫌这些罪行而被捕的情况的陈述。这与警方对此事的记载（侦查）基本一致（见前文）。

最后，泰勒先生对他被捕和监禁的说法是："我在墓地上，把花放在妻子的坟墓上，然后我回家，把自行车放好。我喝了啤酒，警察过来逮捕了我。我女儿在撒谎。她 16 岁了，说我强迫她。我从没强迫她。我问过她：可不可以？"

> 在报告的"精神状态（精神病学）检查"部分，重点是对被评估者的目前（即在面谈/检查时）精神状态，以评估被告的受审能力。尽管这不是本评估的主要任务，但是为提供完整的评估，这种评估作为常规事项包括在内。

精神状态（精神病学）检查

检查在巴特勒县监狱的会见区进行，泰勒先生系白人男性，身材高大，笨拙，发育正常，营养良好，他身穿棕色巴特勒县监狱的短袖服装，里面是白色 T 恤。他有几天没刮胡须，浓密的黑发，穿蓝色布鞋。

我向泰勒先生介绍了自己，确定了他理解面谈/检查的目的和范围，并告诉他评估可能的非保密性。他说这对他来说是可以接受的。然后，我们进行了面谈/检查。

在整个面谈/检查中，泰勒先生显得紧张而焦虑，始终保持微笑。

泰勒先生的行为举止总体上是一个认知有限且发育障碍的人，讲话缓慢，不时停顿，阅读能力有限（例如，他只能非常缓慢和不时停顿地阅读非保密告知书，数次出错，如果没有我的大量指点，他无法理解该告知书）。

泰勒先生给人的印象是一个智力有限的儿童，努力配合着参加这次面谈/检查。

在这次面谈/检查中，泰勒先生除了总体上表现得紧张和焦虑外，未见严重情感障碍症状（例如严重的抑郁、躁狂或自杀）。另外，他也没有活跃的思维障碍或精神病性症状（例如幻觉、妄想、联想松散等）。

泰勒先生的主要表现是困惑，对他与我之间的交流感到不确定，另外，对评估也缺乏细致的理解。

> 在这一节的这个部分，博林杰博士强调了泰勒先生的发育障碍和认知障碍。在报告的最后一节（"总结和意见"）体现出其重要性。

由于泰勒先生的认知局限性，我没有对他进行全部常规的心理、化学物质依赖性以及相关测试。他对两种标准化的认知筛查测试（简明精神状态检查表和认知能力筛查检查表）的回答并未显示出严重的认知障碍，并且他对"既往病史"调查表的回答（由于他阅读能力有限，我读给他听，并记录他的回答）与泰勒先生对他的历史的陈述相吻合。

泰勒先生自述曾三次住院治疗，其中两次是由于骨科疾病而住院，一次是因心脏疾病原因，否认曾有精神病或化学物质依赖问题（包括酒精）需要治疗；否认有需要治疗超过两周的任何疾病；否认曾被开具过服用超过两周的精神科或非精神科药物的处方；称他在大部分（即使不是全部）正规教育期间都是特殊教育学生；称长时间从事体力劳动工作（从××××年到××××年在五金商店做货品管理员的时间最长；泰勒先生告诉我，自那时以来，他一直在努力寻找工作，但"工作都有人了"）。

最后，泰勒先生说目前对他的指控是他所面临的唯一刑事指控，也是他唯一牵涉的犯罪活动。

> 重申：没有可供评估者审查的确认或反驳泰勒先生所报告的历史的记录和材料。实际上，如下所述，该缺陷对于本评估而言并不重要。

在本次鉴定报告中，根据适用的法律，并按照我对适用法律的理解，审查了泰勒先生受审能力（目前以及在合理的可预见的未来）的心理能力的要素。据我理解，这些要素包含对这种法定能力的类似要求（具体来说，是对个人所面对的指控的理解，以及与辩护律师一起充分陈述被指控案件的能力），如下：

·泰勒先生对他所面临的指控的描述是："与我的女儿有性关系。自她 16 岁起。"

·泰勒先生的定向力是完整的（针对时间、人员、地点和对其进行面谈/检查的原因），根据两种标准化的认知筛查测试（简明精神状态检查表和认知能力筛查检查表）以及面对面的面谈/检查。

·泰勒先生对法院的理解是个体"因犯罪才去进行判决"的地方。

·泰勒先生对陪审团的理解是"听证并作出裁决，裁决有罪或无罪"。

·泰勒先生关于法官的理解是"被告告诉他真相，受理案件并对你判决"的人。

·泰勒先生对检察官的定义是"原告的诉讼律师，国家就是原告，认定被告有罪"。

·泰勒先生对辩护律师的理解是"为我辩护，如果可以的话，减少被告人的被关押时间"。

·泰勒先生对为自己证明的问题的回答是"我是这样的"。（在进一步讨论了这个问题之后，泰勒先生似乎至少从表面上理解到事实并非如此。）

·泰勒先生对辩诉交易/谈判过程的解释是旨在"计算出惩罚，计算出刑期，得到刑期短一些的判决"。

·最后，泰勒先生对自己与辩护律师合作以适当陈述辩护的能力进行了评估："是的，我可以，我可以说清楚发生了什么事以及我的想法"。

临床诊断印象

与美国精神病学协会《精神障碍诊断和统计手册，第四版，文本修订版》（2000 年）的当前诊断术语和格式保持一致，阿道夫·泰勒的临床诊断印象如下：

轴 Ⅰ （临床疾病）：

认知障碍，未在他处归类。

下文将在泰勒先生系"边缘智力者"的背景下对此进行讨论。

轴 Ⅱ （人格障碍）：

边缘智力水平。

尽管未经过正式测试，但依据我对泰勒先生的认知障碍的临床印象（可能是基于遗传和社会心理功能缺陷因素）将他的智力水平归为边缘智力的程度。虽然这个程度本身并不支持"精神病辩护"（我在此本报告中使用此术语），但从临床精神病学/神经精神病学的角度来看，它影响本案对泰勒先生处置方式的建议，如下面所述。

> 无论评估是用于辩护、起诉还是法庭方面，就笔者的报告和意见的使用而言，这一点很重要。并非所有刑事法医精神病学报告都严格用于支持（或不支持）精神病辩护。其他应用程序可包括量刑和建议治疗的目的，如第 1 章所述。

轴 Ⅲ （一般医学状况）：

泰勒先生目前身体状况总体良好，没有活动性、急性、慢性或持续性医学问题的迹象，也没有需要治疗的临床症状。

泰勒先生的外科（外伤）病史如上所述。

轴Ⅳ（社会心理和环境问题）：

在我看来，泰勒先生目前主要的"社会心理和环境问题"包括他"卷入法律制度/犯罪"，与他目前受到的指控和下一步可能被监禁的前景有关。

此外，泰勒先生丧偶（在"主要支持类的问题"方面）在过去几年中对他来说是在情感上的困难。否则，泰勒先生似乎过着稳定、独立和自给自足的生活，即使他有认知方面的障碍和局限。

轴Ⅴ（总体功能评估）：

我认为，阿道夫·泰勒的总体功能评估量表评分为 50 分至 60 分，表明符合中度至严重的损伤和症状。

总结与意见

阿道夫·泰勒先生，男，白人，现年 60 岁（出生日期：××××年 1 月 14 日），丧偶，发育障碍，曾是体力劳动者（后期做货品管理员），目前因其认知障碍而被纳入补充保障收入项目，以上是我了解到的他的情况。

最后，与本书中的所有司法鉴定报告一样，"总结和意见"部分将报告其他部分的内容进行概括；始终是读者开始阅读报告以了解案例和评估概述的部分；根据我们的经验，除非绝对必要（例如在"审判前夕"），否则有时是聘请律师或法院唯一阅读的部分。由于这些原因，毫无疑问，它是报告中最重要的部分。具体到本案，由于被评估者的认知和智力水平受限（尽管他公开承认自己对女儿的性侵犯是错误

> 的，但他难以接受对他的指控）而使得评估变得复杂化。并
> 且性侵犯屡屡发生——在持续的时间内，不是一两次，也不
> 是一时冲动。报告的最后一部分应正面回答该问题（"在本
> 案中，不支持减轻刑事责任的精神病辩护"）。这是法医报
> 告的另一个要点。

泰勒先生和他的妻子育有一女，玛贝尔·泰勒，现年24
岁，女儿有发育残障。

泰勒先生在××××年7月被控对他的女儿玛贝尔·泰勒进行
多次性侵，详见上文以及本案其他可供查阅的记录和材料。为
了查明泰勒先生被指控与女儿发生性关系期间的精神状态的法
医精神病学/神经精神病学问题，您的办公室基于上述原因和情
况委托了本次对泰勒先生目前的精神病学/神经精神病学评估。

本鉴定报告所依据的材料来源；泰勒先生的背景和历史；
本案的案件经过及其后果；我对泰勒先生的临床观察所见；和
我的临床诊断印象等都已在上文和本案其他可查阅的记录和材
料中描述过，将不在报告的此部分中重复。

> 在总结了评估的性质、范围和原因之后，博林杰博士接
> 下来提出了他的法医学专家意见。

从解决实际问题角度看，正如本报告开头所指出的那样，
根据我（具有一定的合理医学可能性）的专业意见，可以对泰
勒先生在本案中与犯罪有关的时间段（即在涉嫌实施犯罪行为
期间；在他在本案中行使"米兰达权利"期间；目前和在合理
的可预见的将来的受审能力方面）的精神状态进行判断，所作
判断不支持在本案中减轻刑事责任的精神病辩护。

根据上述信息来源，尽管泰勒先生确实表现出明显的认知障碍和局限性，但是总的来说，他具有足够的认知能力，可以支持以下法律/法院裁定，即他知道他在对他女儿进行性侵犯时是在做什么，并知道他当时是在做错事；他在做与本案相关的陈述时，能够在知情、自愿和有足够智力的情况下行使他的宪法权利（米兰达权利）；并且根据我对可适用的州法律的理解，他目前以及在合理的可预见的将来具有受审能力。

因此，我重申，我不会从可能减轻泰勒先生的刑事责任的精神病抗辩角度、也不会从被指控的犯罪行为本身或者受审能力角度来讨论泰勒先生的临床精神病学/神经精神病学状况。

> 接下来，笔者在讨论针对这名能力受限又需要帮助的被告的临床和治疗处置（而不是严格的监禁）的建议时，鉴定报告转向更具临床意义的方向。

正如上文多处所述，阿道夫·泰勒先生是一个认知能力极其有限的人，在日常活动和功能水平方面处于边缘智力水平。尽管他有功能缺陷，但他多年来能够独立谋生，并且与已故的妻子（也有智力缺陷）抚养了一个女儿。

泰勒先生以异常方式、以一种不恰当的理由与他的女儿发生性行为，但受其认知障碍限制，在当时他认为这是合理的。

这些评论不是为泰勒先生与女儿的性行为找借口，而是在被鉴定人认知能力有限、不具有足够的理解能力来理解对于没有像他那样智力受限的正常人来说不可接受的行为的背景下，来解释这些行为。

从实际的临床精神病学/神经精神病学的角度来看，考虑到泰勒先生认知能力薄弱、能力受限和功能受损，在我看来，因本案而将其羁押处置，无助于他临床上的改善、理解上的改善或康复。从这种意义上说，这种处置在临床上是禁忌的。

反之，将泰勒先生安排在那些针对伴有性行为问题的发育障碍者的性罪犯的特定治疗计划中（按照我在××××年4月15日发送给您的文字材料的内容），则是临床上强烈建议的帮助阿道夫·泰勒先生解决他的不当性行为和对性问题的认识的方式，也可防止他临床精神病学/神经精神病学上的失代偿和病情恶化。

以我的专业观点，这样的治疗环境将使泰勒先生及其发育残疾的女儿受益，女儿想必对她对父亲的感情和愿望是感到困惑和模糊不清的。

> 在最后这个简短的段落中，博林杰博士简要总结了他对本案的法医意见和临床建议。

总之，我的（具有一定的合理医疗可能性的）法医精神病学/神经精神病学意见是，阿道夫·泰勒先生在本案中实施违法行为时，在其行使有关"米兰达权利"时，以及在当前和可预见的将来（就其受审能力而言）的精神状态不支持其在本案中减轻刑事责任辩护的法律/法院裁决。但是，从临床的角度来看，我的精神病学/神经精神病学方面建议是，应对泰勒先生进行针对性罪犯的发育障碍者提供治疗和康复的治疗性安置，而不是监禁处置。

> 最后，博林杰博士撰写了惯例性的声明，将其法医报告与纯粹的临床报告区分开来。

我按照有关独立医学检查的严格规定，根据案件的具体情况对被鉴定人进行了检查。因此，可以理解为没有给予或建议治疗，也不存在医生/患者的关系。

我确认，本报告中包含的信息由签字人准备，是签字人的工作。据我所知，这是真实的，除签字人外，未经其他任何人修改。

如果您对本鉴定报告有疑问，或者如果您预计需要我提供与此有关的额外的服务，请告知我。

非常感谢你。

真诚的

柯蒂斯·博林杰（医学博士、公共卫生学硕士）

美国精神病学和神经病学委员会（P）委员

美国成瘾医学学会认证会员

案例分析与结果

在本案中，泰勒先生的认知能力限制和损害是辩护律师寻求专业精神卫生咨询/评估的基础，该咨询/评估涉及泰勒先生实施几种与他被指控对儿童性虐待有关的不同类型行为的能力。其中的第一项，即他被指控对女儿性虐待的刑事责任，要查明的是他反复与女儿发生性关系期间的精神状态（精神病学/神经精神病学/成瘾医学状况）。其问题在于，关于泰勒先生的基本精神状态（精神病学/神经精神病学/成瘾医学状况）的判断是否支持减轻刑事责任的精神病辩护，即法律性精神错乱、限定刑事责任能力、中毒/醉酒或不可抗拒的冲动等，这是司法管辖区所适用的法律的一部分。

第二个时间段的问题，即泰勒先生因向警方提供有可能导致受到惩罚的陈述而放弃了他的宪法权利（米兰达权利），对泰勒先生在此期间的精神状态（精神病学/神经精神病学/成瘾医学状况）的判断，却产生了不同的看法。在这种能力中，法律要求个人如果有能力放弃其宪法权利，放弃者必须是"明知、自愿和有足够智力"的。

本评估中要处理的第三个时间段是关于当前及可以合理预见的未来，泰勒先生的受审能力。像本评估的其他两个方面一样，精神卫生专业人员在此问题上的评估和意见依赖于对泰勒先生在实际面谈/检查时的基本精神状态（精神病学/神经精神病学/成瘾医学状况）的判断，也基于这些评估通常依据的其他信息来源（请参阅第 1 章）。

在探究了所有这三个方面和时间段之后，咨询/评估精神卫生专业人员提出了专业意见，支持法院认定泰勒先生在所有三个方面中具有认知能力，尽管他存在明显具有临床意义的认知障碍。在这三个方面，泰勒先生的认知障碍和能力受限无论在多大程度上影响了他的思维过程和行为，（在评估员看来）都没有对它们造成严重不利影响，以至于支持法院正式裁定在所考虑的三个方面中的任何一个方面都不认定为不具有能力。

作为一份具有丰富的临床信息和指导性的鉴定报告，笔者提出了对泰勒先生进行临床/治疗而非严格监禁的建议。从人道主义的角度出发，法院和检方同意。但是，泰勒先生的罪行的性质，即便是对适用的刑法进行最宽松的解释（对法院来说都是必要的），都不允许这种处置。泰勒先生通过辩护谈判最终被判长期监禁。该案没有进行审判，归根结底，由于适用于泰勒先生罪行的刑法的严格性，博林杰博士的鉴定报告对法院的价值和指导意义有限。

第❹章
刑事案件鉴定报告摘要

刑事司法精神病学鉴定涉及面很广，涵盖了第 1 章有关表格中罗列的所有时间段中的所有领域。尽管第 3 章给出了此类案件的四个完整报告示例，本书的篇幅依然不允许展现刑事司法精神病学鉴定的所有可能类型的完整报告的示例。

在第 3 章中，以完整的刑事司法精神病学鉴定报告形式展现的主题受到了必要的限制，作为弥补，本章提供了一系列完整鉴定报告的摘要。这些摘录摘自第 1 章表 1.2 所列几乎所有主题的完整报告的"总结和意见"部分（即最后部分）。由于鉴定报告的最后一部分总结了案件的事实和法医精神卫生专家对此案的推理和见解，使读者能够了解比第 3 章中的 4 篇完整报告更详尽的内容，从而了解更多的刑事法医精神卫生鉴定主题。通过这种方式，我们向读者传达刑事案件鉴定领域更广泛的法医心理健康主题。

暴力：因精神错乱而无罪/受审能力

被告因勒死情人被捕并被起诉。杀人后，他立即逃离现场，后在几英里外的旅馆房间里被发现并抓获。他个人的精神功能异常、边缘性和非生产性病史包括几次犯罪行为和精神病院住院，据悉住院期间他不遵守医嘱服药。

对该人的总体评估包括根据对全部可用资料的审阅和几次面谈，判断被告在签署米兰达权利书时能认识到这些行为的含义。此外，关于谋杀案发生时被告的精神状态（精神病学/神经精神病学/成瘾医学状况）的推断可以支持法院裁定减轻刑事责任的三种潜在辩护中的任何一种，即法律性精神错乱、限定刑事责任、中毒（醉酒）。此外，法医精神病学家认为，被告应长期住院，而不是被拘押，以便提供适当的治疗。精神科医生相信，如果提供适当的治疗和康复措施，即使有机会，被告也不太可能再次以危险或暴力的方式行事。

暴力：因精神错乱而无罪

据描述，此人具有长期的精神病史，被诊断为精神分裂症，偏执型，多年来曾多次病情加重和缓解。在进行本次鉴定时，该人已在精神病院住院几个月。据悉，他因在醉酒后精神病性暴怒中将父母（其中一人）殴打致死。

法医精神科医生认为，除了特权级别地位降低的那些时段外，该人表现出一定的进步。精神科医生认为，在本案中，通过降低特权级别地位来对不依从行为进行惩罚并不是一种积极或有效的治疗方法。此外，精神科医生指出，患者可能患有潜在的双相障碍，这可能是其易激怒的原因，建议服用适当的药物，尤其是情绪稳定剂。最后，由于该人似乎没有表现出可能以危险或暴力方式行事的临床相，因此建议提供一个特权级别身份，以允许其在当地大学就读，作为继续治疗的一部分。

暴力：因精神错乱而无罪/受审能力

该被告被指控杀害叔叔的谋杀罪和对该受害人的父亲进行抢劫。鉴定使用了各种标准化和非标准化的测试、与亲戚的访谈、查阅与案件相关的全部可用资料以及对被告的面谈。被告被描述为有自杀意念、抑郁和幻觉，所有这些导致其在等待审判期间被收入精神病院住院。

法医精神科医生在进行评估（包括在三个月的时间内与被告数次进行面谈）之后，认为该人具有受审能力。

暴力：因精神错乱而无罪

被告患者长期孤立生活，存在精神病性精神障碍，人际关系和工作方面存在不适应，并存在滥用药物（主要是酒精和大麻）的情况，似乎是因慢性烦躁不安，妄想性偏执思维和观念以及其他此类精神病学症状而自行进行的药物治疗。被告被诊断为慢性精神病性精神障碍（精神分裂症，偏执型）。导致逮捕的刑事犯罪是使用和持有毒品。

被告人独居时，培养出两个相关的兴趣：第一，坚信存在不明飞行物；第二，收集武器以抵御不明飞行物，包括管炸弹、火药和化学药品。

法医精神病学家认为，被告并不知道在收集管炸弹和相关用具方面所做的事情是错误的，因此，因精神错乱而无罪的辩护是可适用的。但是，这种辩护不适用于被告所面临的毒品方面的指控。作为监禁的替代方法，精神科医生建议转诊至具有长期药物和酒精康复计划的治疗场所。

暴力：因精神错乱而无罪

被告被指控枪杀了其情人，被判犯有该罪行和相关罪行。初次精神病学鉴定意见认为，被告在事件中存在解离性障碍，并且从广义上讲，在谋杀时并未采取有目的和故意的方式行事，要求重新进行法医精神病学鉴定。

第二位法医精神科医生对相关的可用资料进行了审查。基于被告有目的的、针对性的、复杂的、有计划和执行力的，以及与枪击有关的复杂心理状态和行为，结合其逃离现场，第二位法医精神科医生的意见是，即使事后对事件有两个明确的失忆期（解离症状），被鉴定人对所发生的事情有足够的认识。精神科医生的最终鉴定意见为：鉴于该人的活动、行为和精神状态，可能适用的司法精神病学刑事辩护（例如法律精神错乱、限定刑事责任和/或中毒/醉酒）在该案中均不适用。

暴力：因精神错乱而无罪/限定刑事责任能力

在本案中，法医精神科医生被要求就是否可能适用该司法管辖区的减轻刑事责任的一项或多项辩护（例如法律性精神错乱、限定刑事能力或醉酒）提出意见。还要求确定被告是否具有受审能力。被告人被指控用手枪近距离从背后开枪射击情人四次。

法医精神科医生审查了所有相关的可用记录，并与被告进行了面谈。由于缺乏被告的精神状态（精神病学/神经精神病学/成瘾医学状况）的信息，因此没有依据可推断出关于被告的精神状态的意见。报告认为在面谈时被告不具有受审能力。

暴力：因精神错乱而无罪

本案中，被告人被控杀害配偶。在进行评估时，该人已被监禁，等待审判。被告使用处方药已有很长的历史，在案发前曾喝酒。据了解，被告在婚姻关系上容易受到刺激、易愤怒。

法医精神病学家认为，该人在杀人时处于处方药中毒状态，伴随着不安及对配偶和孩子的绝望，结合不太可能发生谋杀意图的细小事件，因而无法形成实施犯罪所必需的特定意图；以明知和有目的的方式实施此类犯罪。

暴力：因精神错乱而无罪

该人受评估时是某精神卫生机构的精神病患者，触犯的刑事罪名是纵火，被告的侄子在事件中意外死亡。该人被认定为因精神错乱而无罪。在纵火案件发生之前和之后，患者在医院住院或在监狱监禁多年。患者认为，服用精神药物是导致其精神病性行为的原因。

本案要求进行的评估主要集中在两点：首先，确定被告/患者当前是否患有严重的精神障碍，使被告/患者具有危险性；其次，确定当前使用的药物是否正确，或者是否应强制使用其他药物，还是其他治疗方法更可取。最后，确定日间外出及短暂的家庭探访是否是有益的。

法医精神科医生认为，患者显然确实患有精神疾病。此外，患者所接受的治疗方案和药物治疗是正确的，并推荐了一个入职前课程：建议先日间外出/通行，然后通宵通行，随着限制性环境所带来的好处越来越少，最后进行更长时间的门诊治疗。

暴力：因精神错乱而无罪

被告有很长的破坏性、精神性、社会心理问题及犯罪历史，导致被捕及本次评估的事件发生在他激动不安的妄想状态下，错误地进入另一个人的家中，认为自己正在被人投毒，并用模糊和困惑的方式要求提供帮助。随后他与房屋所有者发生争执，导致房屋所有者开枪射击了被告，并意外地击中了自己的母亲。该名妇女随后因枪击身亡。

看来，被告对他以某种方式摄取的苯环利定有精神病性反应。这导致其产生恐惧、被毒害的错觉，自己是耶稣基督的妄想和不受控的感觉，以及在事件中表现出的其他怪异和不寻常的特征。

法医精神科医生认为，在事件发生时，被告既不了解所实施行为的性质，也不认为该行为是错误的。据报告，被告是寻求帮助，而不是从事犯罪活动。还得出结论认为，被告的精神状态支持适用法律性精神错乱辩护，并且被告具有受审能力。

暴力：因精神错乱而无罪

本报告中的被鉴定人具有长期的精神病病史，有包括住院和药物治疗在内的精神病治疗史。被告的典型周期表现为：停药，出现精神病症状，代偿失调，需要住院治疗和通过药物治疗获得病情缓解，病情缓解并出院，然后又不遵医嘱。被鉴定人由于日常的交通停车而与警察发生冲突，并因此导致其被逮捕和评估。

法医精神病学家认为，此人案发前即停药后行为异常，试图埋葬在道路上发现的死亡动物而停车。行为是在不认识所实施的行为的性质的精神状态下进行的。并且由于缺乏这种认识，被鉴定人不知道该行为是错误的。

法医精神科医生的建议是，法院下令进行一段时间的监督，将有助于提供临床治疗并减少发生另一轮不服从/精神病的可能性。

性犯罪者

本案中的被鉴定人大约在本次评估的 30 年之前被判决犯性犯罪。本案的问题涉及一项州提议，即根据该管辖区的《梅根法律》的有关规定，将被鉴定人划为第二级级别。第二级级别要求进行社区通知并在互联网上上传个人的身份和犯罪记录。被鉴定人对此级别提出抗议，律师委托了法医精神病学评估。

在审查了所有相关记录并面谈之后，专家认为，该人近 15 年来病情稳定，不构成第二级级别。如鉴定报告所述，被鉴定人不再具有从事性攻击行为的精力、动力、冲动和欲望，并且多年来没有这种欲望。

性犯罪者

该被告有酗酒史，被诊断为重度双相障碍、躁狂，伴有精神病性症状。因涉及对两名少年的性犯罪被逮捕、起诉和监禁，现进行此项评估。

根据现有资料，法医精神科医生认为，导致被捕的有关罪行是在被告没有使用适当药物的时候发生的。结果是，被告的判断力很差，行为是由双相障碍不受控制的症状驱动的，并且当时的思想是如此扭曲，以至于认为这两个少年是刑事暴力攻击者。鉴于被告的精神状况，法医精神科医生的意见是，尽管被鉴定人清楚正在做的事情，却不知道这是错的；认为被告符合法律性精神错乱的标准，但在犯罪时并不属于限定刑事责任能力。最后，法医精神病学家认为，被告具有受审能力。

性犯罪者

该被告有很长的双相情感障碍病史，曾因精神病住院治疗，并自杀未遂。其最后一次被送入精神病院住院系因为自杀未遂。性犯罪涉及被告的女儿。被告因犯该罪行而被监禁时，曾企图以自缢方式自杀。

鉴于被告已向警方承认犯罪但向法医精神病学家否认这一事实，因此无法确定被告在犯罪发生时的精神状态。如果被告未犯被指控的罪行，则其精神状态与犯该罪行的人的精神状态无关。该报告指出，被告具有受审能力，精神科医生建议无论案件的法律处置如何，被告都需要持续不断的精神科治疗。

性犯罪者

被告有毒品滥用史，因卖淫被捕。鉴于案件的性质，法律性精神错乱、限定刑事责任能力或中毒（醉酒）经鉴定都不适用。

法医精神科医生的意见是，作为监禁的替代选择，该被告应被安排住院，以解决其精神病和化学物质依赖及渴求问题，也能更好地解决戒断、清醒和康复的预后。

暴力：因精神错乱而无罪

在本案中，被告在儿童时期曾是虐待罪的受害者。作为一名小学生，被鉴定人被诊断为阅读困难。自儿童时期起，被告曾多次被送入精神病院住院，被描述为慢性精神病患者，其特征是不服从精神药物治疗。

进行评估的原因是，被告人认为朋友没有为其提供舒适和安全，作为对朋友的行为的回应而在受害者的汽车上放置了一个炸弹。

法医精神科医生认为，被告人确实了解该行为的性质，但不了解该行为是错误的。因此，可以认为，被告的精神状态（精神病学/神经精神病学状况）适用法律性精神错乱。

暴力：中毒/醉酒

被鉴定人有酗酒史，因使用机动车辆故意杀人而被捕并被指控。所要明确的问题是被告是否可以适用中毒/醉酒辩护。

为了确定被告在犯罪发生时的中毒/醉酒状态，法医精神科医生对被鉴定人相关的生理特征进行了审查，主要关注其吸收、分布、代谢和排泄酒精的能力。此外，有必要主要通过事故发生后被告的行为和举止来确定被告对酒精的耐受性。

由此得出的意见是，被告对酒精耐受，其行为表现为血液酒精浓度低于实际情况。在提出不适用中毒/醉酒辩护的意见时，精神病医生认为，对被告案发期间的基本精神状态〔精神病学/神经精神病学/成瘾药物（醉酒）状况〕的推论表明，被告的中毒程度并未对其安全驾驶机动车的能力产生明显有临床意义的影响。

家庭暴力

被鉴定人有精神病院住院史，是一名因精神错乱而无罪的患者，病情明显好转，正在等待出院。在一桩涉及被鉴定人年迈母亲的事件发生后，有必要对其目前状态进行评估。被鉴定人与母亲之间长期关系不良。

进行评估的法医精神科医生认为，患者有了临床改善，相关事件不应对进展产生负面影响。因此，建议将患者置于尽可能少的限制性环境中，以帮助患者持续康复并最终重返社区；由于两人有既往不融洽的历史，还建议不应制定让其与年迈母亲一起生活的出院计划。

家庭暴力

该人是辅助生活机构的居民，有认知能力障碍。法院指定的保管人要求法医精神科医生对该人进行评估。与该案有关的一些问题包括不动产的处置和刑事指控的解决。结果，需要确定被鉴定人的民事能力以及有关的受审能力。

据了解，该人长期婚姻关系紧张，并且与三个儿子的关系也异常困难。经过长时间的面谈，法医精神科医生在评定民事行为能力问题时认为该人没有民事行为能力。此外，根据现有的医疗记录，该人患有多种疾病，包括高血压以及伴有行为障碍的痴呆。法医精神病学家认为，这些因素也有助于确定该人不具有受审能力。

诈病

在本案中，被告人有严重的犯罪记录，在进行本次评估时，他因被指控违反假释规定而被关押在州立监狱中。本案中的两个问题是：首先，确定被告是否具有受审能力；其次，确定被告在州立监狱的治疗是否适当。

进行面谈后，法医精神科医生认为被告具有受审能力。精神病医生在鉴定意见中指出，被告在面谈/检查时伪装《精神障碍诊断和统计手册，第四版，文本修订版》（或《精神疾病诊断和统计手册，第四版，文本修订版》）中有重性精神病的详细描述。最后，建议继续对被告进行现有治疗，并考虑对药物做一些改变。鉴于被告的临床状况不确定，而且他无法提供有关治疗过程的可靠信息，在此仅谨慎地提出此建议。

诈病

被告因谋杀被起诉，生活方式不正常，患有精神疾病，是一名吸毒和酗酒的人，并且有很长的成年犯罪史。在此案中，核心问题是被告是否具有受审能力。

法医精神科医生认为，被告人具有受审能力，并且进一步认为，被告人诈病。后一种意见是基于两次前期评估与第三次评估之间的比较而得出的，后者在五周后进行，当时被告的精神状况难以理解地严重恶化。

第❺章
完整的民事案件鉴定报告

在本章中，我们按照第一章中描述的格式，提供了一组（四份）完整的民事案件法医精神病学报告，并对它们进行了修改和编辑以保护隐私。就像第 3 章中的刑事案件法医学报告一样，这些报告是法医精神卫生专家可能会在律师（原告或辩护人）或法院咨询时遇到的具有代表性的民事案件。他们包括：

- 人身伤害
- 性骚扰（工作场所）
- 职业责任（医疗事故）
- 民事拘禁（精神卫生法）

在用粗体字注释和论述来引导读者阅读经解构的报告之后，我们完整地再现了四份民事案件鉴定报告中的一份（霍姆斯诉莫里亚蒂房地产，Holmes v. Moriarty Realty），以向读者提供最终报告的完整样貌。

霍姆斯诉莫里亚蒂房地产（Holmes v. Moriarty Realty）

案例概述：人身伤害

精神病学专家受聘于辩护律师对受害人佩内洛普·简·霍

姆斯（Penelope Jane Holmes）进行评估，评估在接受精神病专家检查时（被强奸后约 30 个月）强奸对她的精神/心理反应和影响（如果合适的话），以及这些反应和影响与强奸之间的关系。从这个角度说，本评价的重点是目前的时间段（表 1.1）和由创伤事件引起的"损害"（法律术语）或"后果，症状"（临床术语），而不是强奸事件前后的那个时间段。刑事评估报告和民事评估报告以及其他评估报告之间的这一典型区别将在本章的"案例分析和结果"部分中进一步阐述。

与本书所认可的报告格式一致（表 1.4），本案中精神病学专家〔由本案辩护律师聘用的塞尔玛·J. 弗鲁特（Selma J. Froyed）博士担任〕在其报告中首先确定了律师咨询中被鉴定人的身份信息，以及在评估中所要解决的相关法医精神健康问题。弗鲁特博士撰写了以下报告。

报告

> 这是（四个）民法案件评估的第一份报告。这个特殊的案例提供了一个直白明了的、或许还具有戏剧性的人身伤害评估报告示例。报告采用了第 1 章中描述的完整报告格式。在报告引言的第一部分中，笔者列出了报告的性质和范围，以及其中要解决的问题。以这种方式进行的简洁明了的概述与第 1 章中给出的要点一致：清晰、简洁、非术语的沟通。

在我们就上述问题进行了电话讨论和通信后，根据以下信息，我将为您撰写本人对佩内洛普·简·霍姆斯女士在本案中的精神病学/神经精神病学/评估的报告。

此报告是应您的要求提供的，旨在就霍姆斯女士目前的精神状态（精神病学/神经精神病学状况）及其与她在××××年 10

月 14 日于巴特泰特州哥谭市公寓中遭到性侵犯（强奸）经历的
关系（如果合适的话）给出我的（具有一定合理医学可能性
的）精神病学/神经精神病学意见，详情请见下文。

> 弗鲁特博士简洁明了地阐述了本评估的目的或目标。她
> 还明确指出了关注的焦点是当前的损害，以及霍姆斯女士生
> 活中涉及这些损害的历史因素。

　　在开始本评估和报告前，我需强调本评估和报告的重点是
霍姆斯女士当前的精神病学/神经精神病学状况，其依据是以下
所述的信息来源：在本案中，我注意到在霍姆斯女士 9 岁时发
生的一段往事（将在下文中进一步详细讨论），这导致除其他特
征外，她对精神卫生专业人员的不信任感。她感觉这种不信任
感对她目前仍有影响：她在××××年 10 月 14 日事件发生后没有
寻求精神/心理帮助或咨询。此问题及相关问题将在下面进一步
详细讨论。

> 接下来，笔者对报告的结构和范围进行了概述。

　　在本报告中，在最初列出并讨论了与本评估和报告相关的
记录和材料之后，我将介绍和讨论本案中与××××年 10 月 14 日
事件发生有关的霍姆斯女士的背景和经历；将介绍和讨论××××
年 12 月 20 日在我的办公室进行面谈/检查时，我对霍姆斯女士
的心理/神经精神学观察结果和调查结果；将介绍和讨论我对霍
姆斯女士的临床诊断印象；并以对霍姆斯女士当前的精神病学/
神经精神病学状况及其与本案中××××年 10 月 14 日事件的关系
（如果同样合适的话）的讨论结束报告（在"总结和意见"部
分中）。

对于有关霍姆斯女士背景和经历的更多信息和细节，在××××年 10 月 14 日这一事件中她的过往及其目前产生的后果，以及该事件的其他方面，读者可以参考下所述可用的记录和材料。

本评估和报告所依据的信息来源如下：

> 该案涉及法医精神卫生评估人员对大量而广泛的法律和医疗记录的审查（在法律上称为"披露"）。在对这些记录进行分类、罗列和汇总时，报告的一部分变得类似于第 1 章中所述的辩护律师的审判笔记本。这不仅增强了法医评估人员与聘请方律师/法院之间的沟通，而且有助于评估人员在作证时快速、轻松地查阅记录。

1. 我所审查的由贵处就本案向我提供的记录和材料文本如下：

a. 与霍姆斯女士目前的工作有关的行政/雇用记录和材料（她受雇于巴特泰特州哥谭市的一家时装设计公司），与本案中××××年 10 月 14 日事件有关的精神病学/神经精神病学及其他相关材料。

有关此材料中包含的信息和行政/雇用、佣金以及相关详细信息，也请读者参考此材料。

b. 本案中的"书面质询"（被告对原告）和"对书面质询的答复"（原告对被告），一份出具日期为××××年 7 月 10 日，另一份未注明日期。就当前的目的而言，书面质询请求"对所声称的永久性伤害或状况以及所有当前的诉求进行详细描述"（书面质询 4），以及"对所有伤害的性质、程度和持续时间进行详细描述"（书面质询 3）。对书面质询 3 的答复载："我有瘀伤……我遭受了精神伤害。我持续感到疼痛和不适……因此，我相信这些伤害是永久性的。"对书面质询 4 的答复如下："请参阅先前的答复。我目前的症状包括：我感到自己一无是处……我觉得很脏……我非常沮丧和悲伤。我感到绝望。"

关于治疗问题，霍姆斯女士对书面质询 8 的答复（"仍在接受治疗"）回答了该问题："我可能会去见治疗师，但目前我不相信任何人能做这样的治疗。"

对书面质询 2 的答复详细说明了××××年 10 月 14 日凌晨，在哥谭市霍姆斯女士公寓内发生的强奸事件。更多和更详细的信息，请读者参考该答复。

c. 古德温·博恩斯（Goodwin Bones）医生（骨科医生）的病历和材料，包括哥谭市医疗中心急诊科关于霍姆斯女士的急诊诊断和治疗的临床记录、图表和进展说明。在我看来，博恩斯博士的笔记并未具体讨论霍姆斯女士所遭受的性侵犯，而"哥谭市医疗中心急诊科护士记录"则讨论了。

"多学科评估/进展说明"（第 4 部分）评估指出：

患者眼泪汪汪，但能正确回答问题。主诉：性侵害，并被哥谭市警察局带到急诊室。有阴茎插入阴道，无肛门插入，无口腔性接触……患者诉她曾试图与性侵者搏斗……"逃脱"，但性侵者有枪，她"担心自己的生命安全"。

患者诉性侵者绑住了她的手腕……患者诉性侵者撩起她的衬衫露出乳房，脱下了她的内衣和短裤。

d. 博恩斯博士给克拉伦斯·达罗三世（Clarence Darrow Ⅲ，本案中霍姆斯女士聘请的律师）的信，未注明日期，在××××年 5 月 31 日的转介信中，由达罗先生转给您。博恩斯博士提到了霍姆斯女士，称她"由于××××年 10 月 14 日发生的事件而受到伤害，于××××年 11 月 10 日来到我的办公室。首先，她处于极大的精神和情感困扰中。我必须非常温柔地接近她，因为她的身体处于高度警觉的防御状态……然后，她需要寻求其他形式的治疗来满足她的需求。我觉得这次事件使她遭受了很大的挫折，她正在慢慢地康复……她总共来访 14 次"。

e. 与哥谭市警察局提供的警方对××××年 10 月 14 日发生的霍姆斯女士遭强奸事件作出的反应和调查有关的刑事/法律/发现记录和材料，其中包括响应人员的案情报告以及其他此类记录和材料。

在我所阅读的材料中，警察西奥·罗斯福（Theo Roosevelt）对所涉事件的摘要最为详尽，如下：

受害人到达后说，当她从厨房出来进入客厅时，她看到一名穿深色连帽运动衫的男子从浴室出来。案犯和受害人开始厮打。然后，案犯强迫受害者进入卧室，将她的双手绑在背后，并用衬衫遮住脸。当受害者尖叫时，案犯从厨房取回收音机，并将其放在客厅地板上，然后大声播放音乐。

然后，案犯爬到受害者的身上，拉起衬衫，亲吻她的乳房，拉下内裤和短裤。受害人告诉案犯她病了，他最好戴避孕套。他说："哦，当然。"她相信他戴上了。然后，案犯将阴茎插入她的阴道。完成该行为后，案犯对受害人说："不要告诉任何人。我知道你住哪儿。我会杀了你。"案犯后来从卧室的窗户离开。

有关该警察报告中包含的更多信息及相关记录和材料，请读者自行参阅。

在所有这些对记录（无论是刑事方面的还是临床方面的）的讨论和复述中，弗鲁特博士总结了那些她认为与她的鉴定报告以及将来的证词最相关的部分。

　　f. 一份精神病学评估报告和一份马库斯·韦尔比博士的简历，表明××××年 7 月 1 日霍姆斯女士曾接受了咨询。这两份材料是达罗先生随××××年 8 月 10 日的信寄给您的。

　　韦尔比博士在报告中首先指出，评估的目的是"评估她（霍姆斯女士）的精神状况"，然后他列出了他在评估中所查阅的五组记录和材料。在我所阅读的材料中，该报告的"伤害描述"部分很长，并详细说明了诸如上述警察报告中的摘要。有关详细信息，请读者参阅韦尔比博士报告的那些部分。

　　在讨论了××××年 10 月 14 日发生的事件及她随后在哥谭市医疗中心进行的评估后，韦尔比医生写道："上午，霍姆斯女士得以离开医院。她和文森特在警区警探的陪同下前往当地民政事务处，以便对事件进行记录。她被要求再次描述强奸的细节，这对她是压垮性的打击。大约两个小时后，她再也无法承受压力了。此刻她非常生气，因此警察结束了他们的询问，开车将霍姆斯女士和文森特送回家。当她到达公寓时，霍姆斯女士发现公寓大部分表面都被黑色的指纹粉覆盖，并且公寓的门被粘上了胶带……她去拜访了住在巴特泰特州北部的儿时朋友，并一起住了几个星期。回来后，她搬到另一间公寓。尽管她更想搬到另一个公寓大楼，但她和文森特无法负担这种搬家的费用。"

　　在报告的下一部分，韦尔比博士从精神病学角度描述了霍姆斯女士对该事件的症状反应，并指出这种症状与创伤后应激障碍相符，因为霍姆斯女士"经由反复的、强制性的对强奸的痛苦回忆持续地反复体验到强奸。她经常经历强奸的闪回，并持续存在自己公寓中有男人的'影子'的错觉……总体反应麻木，表现为：冷淡，与他人疏离和疏远，有限的情感反应，以及感觉生活包含许多阴谋……食欲大幅度下降，并伴有胃肠道不适和体重减轻，极端的睡眠延迟，最终在太阳开始升起时才睡，一直睡到下午，无恢复性睡眠，精神运动迟缓和无动力感……过度焦虑，并担心许多通常与信任、安全、脆弱性和未来有关的问题……惊恐发作，每周大约都要经历两次。这些发作于霍姆斯女士重返工作岗位时发生。她对自己有效运作和应对脆弱感能力的预期焦虑可能是大多数发作的诱因。对未来发作的预期焦虑以及继发于发作的回避行为尚未形成"。

关于精神状态检查，韦尔比博士指出："由于霍姆斯女士对回忆强奸案非常紧张，她花了一些时间才开始谈论强奸案。心情显然很沮丧。表情与情绪相一致，不时流眼泪。在说及强奸细节时，霍姆斯女士似乎正在经历闪回，她也承认这种情况正在发生。认知似乎完好无损。"

接下来，韦尔比博士在报告中描述了霍姆斯女士对自己的个人成长经历的叙述（也将在下文进行讨论）。出于当前的目的，通过比较事件发生前后霍姆斯女士对自己的描述，韦尔比博士写道：霍姆斯称自己在强奸之前是一个社交活跃的女人，喜欢她的工作、家和人际关系。她喜欢看电影、跳舞、在哥谭市的街道上散步、和朋友们在一起、写诗和参加作家团体。她渴望帮助他人的愿望使她自愿与一群外国学生一起志愿服务……霍姆斯女士以前没有精神科疾病或干预的病史，也没有精神病家族史。她没有服兵役。以前她没有参与过诉讼……被强奸后，她陷入了一个"黑洞""退缩到一个牢房"，感到无法重新回到生活中。她形容每天都非常痛苦，她的自我意识被打破。她对独自一人感到恐惧，于是恳求文森特辞职并与她待在一起保护她，但他没有这样做。文森特继续工作。她开始以入侵者闯入时他不在家，因而无法阻止强奸为由，非理性地责怪他。然后，她担心在最需要文森特时会无法得到他的帮助，这激起了她不切实际的愤怒，使她多次终止恋爱关系。

在强奸案件发生之前，霍姆斯女士说她和文森特有很和谐的性生活。她为自己的身体感到自豪，并对自己的性生活感到满意。她感到自由自在，非常喜欢与文森特做爱。被强奸后，霍姆斯女士花了一年时间才愿意发生性关系。现在，她的性生活大约每月一次，不再有跟以前相同的感觉。她说："我不再是同一个人了。"

随后，"霍姆斯女士被告知强奸犯被捕。遗留在她床单上的精液提供了追踪案犯的脱氧核糖核酸证据。霍姆斯女士在被强奸时即意识到这将成为确定案犯身份、对其进行抓捕的线索，从而产生自己有能力的感觉。她也体验到正义感。尽管最初她对案犯不再有杀死她的可能而感到放心，但这并没减轻她极端的恐惧和脆弱感"。

在就业方面，韦尔比博士写道："霍姆斯意识到，尽管在强奸案后她感到太脆弱，不足以恢复工作，但孤僻和不正常的生活对她是不健康的。霍姆斯女士发现自己非常健忘，头脑一片空白，不再能够像以前那样登记信息。尽管以前她在解决问题上充满活力，但现在却感到不知所措。她的不完美感无处不在，悲伤也无处不在。霍姆斯女士说，幸运的是，她的同事和上司一直非常支持她。一位同事给了她一辆汽车，但由于她太害怕了，缺乏安全感，无法开车，并且担心会发生致命事故，她改为乘公共交通工具上下班……而这个路程很长。"

在诊断方面，韦尔比博士使用《精神疾病诊断和统计手册，第四版，文本修订版》的名称和格式（如下所述）给出了以下信息：

轴 I （创伤后应激障碍）：
重度抑郁症，单次发作，重度，无精神病性症状。

轴Ⅱ

没有诊断。

轴Ⅲ

没有一般的医疗状况。

轴Ⅳ（社会心理和环境压力源）：

强奸发生在不安全的家庭环境中，导致其严重沮丧、动力缺失和人际冲突。

轴Ⅴ（总体功能评估）：

得分52分。

最后，在"治疗建议"方面，韦尔比博士建议"采用药物治疗和心理治疗相结合对霍姆斯女士进行治疗"。她还指出："不幸的是，由于这种脆弱感和担心受害，霍姆斯女士不愿意接受精神病治疗，她害怕如果她接受治疗，会使她容易受到医生的伤害。"（当霍姆斯女士向我陈述病史时，她一再担忧精神病医生再次背叛，就像前文所述的她9岁时经历的那样。下文将进一步详细讨论。）

韦尔比博士在本报告中的"印象"是："上述精神疾病与××××年10月14日发生的强奸直接相关并由其引起。由于创伤的强度以及随后发生的精神障碍的严重程度，预计可能会出现永久性精神病性后遗症。"

> 就像处理其他记录和材料一样，弗鲁特博士讨论了霍姆斯女士对此事的证词。她摘录了与她的鉴定报告最相关的部分，并进行解释和讨论。

g. 霍姆斯女士在本案中的证词副本，摘录于××××年7月14日。

从我查阅的材料看，证词的内容重申并强调了其他记录和材料中（例如警察报告，哥谭市医疗中心急诊部对霍姆斯女士的评估记录以及其他此类文件）的很多要点。

在她目前的精神学/神经精神病学状况及其与强奸事件的关系以及随后的治疗方面，霍姆斯女士说，她在强奸后联系了危机热线，并曾两次与该热线的工作人员进行过交谈，她曾向韦尔比医生咨询过，但在强奸事件发生后未进行任何精神科治疗。她还提到，她"很久以前（9 岁时）在学校里有过一次经历"，这影响了她在强奸事件后作出不寻求精神病治疗的决定。

霍姆斯女士在证词中说，她"当时是 9 岁左右，我们学校有一名心理师，我与她分享了一些非常私密的事情，她去告诉了校长，我被学校开除了……当时我和我大姑住在一起，有两个邻居每天深夜在别人都入睡后来到我身边，试图引诱我发生性关系。尽管从来没有发生过性交，但是非常色情。我感到深陷其中，就去向学校的心理师寻求帮助。心理师把我告诉她的内容告诉了校长，我认为这些内容是私密的。我因此被学校开除，被羞辱，我母亲、我的家人也被羞辱……我被困在家里至少七个月的时间，羞愧难堪，无法敞开心扉且无法自拔，对官方机构很敏感，害怕被官方机构出卖。这就是为什么我没有寻求心理帮助，因为即使我知道我需要，我必须这样做，但我无法让自己去做，这就是为什么我会一直推迟就此问题寻求专业帮助"。

关于本案中××××年 10 月 14 日强奸事件的后果，霍姆斯女士在证词中也作了陈述："我完全丧失了自我意识、自信、自尊心，感到支离破碎，总的来说，我感到不安全。对曾经很确定的事情，例如我的职业生涯和情感生活，我感到不确定了。我的男朋友……也受到这件事的影响……因为我有点责备他案发时不在，我也曾试图去除这样的想法，回归理性，实际上他与此无关。我总禁不住这样想，感觉他保护不了我，这让我对我俩的未来充满不确定……我感到偏执——在案件发生之前，与他人在一起我非常自在，现在我感觉到自己一直在观察身边的人，似乎人人都可能会伤害我，这跟以前不一样了……在工作中我发现现在我的记忆力真的很差。我不像以前那样敏锐，只能做很少的、基础的简单工作，并且伴随着一种缺乏自信的感觉，感到自己没有能力，只是丑陋……不好意思，我觉得很尴尬，也感到内疚和羞愧……我开始对自己的职业有疑问，我曾经——我以前从不怀疑……我是否选择了正确的职业，是否一生都愿意从事这个职业……这类问题。"

霍姆斯女士在自己的证词中也就她目前的状况评论说："情况已经变得好一些了。我将更多的时间花在与朋友的交流上，我强迫自己与人相处并接触我很久没有接触的家人，这些都对我有帮助……哭泣？……我吃饭好一些了……事发后我腹泻了一个月，什么都不想吃，吃的东西都吐了，我感到很恶心……（体重减轻）至少20磅……是的（她的体重恢复了）……"

关于所涉案件的其他后果，霍姆斯女士说："性方面，我不向以前那样有性欲……也不那么频繁，而且，我现在很沮丧，以前不这样……自从12月以来，我们（她和文森特）已经分手了几次，最后一次好像是三周前……我出门少了。我以前常常在深夜去跳舞，有一次是我自己一个人去露营。我现在不敢这样做了。我现在总是很害怕，以前不……在社交上，我以前从不笨拙，很愿意社交，现在当我与他人在一起时，我有很强的自我意识，感觉自己有个大秘密，像是被囚禁，我觉得自己不如别人。"

有关此证词笔录的更多信息和细节，请读者参考这份笔录。

> 接下来，弗鲁特博士列出并简要讨论了她对霍姆斯女士的鉴定报告所依据的其他材料（即，不是文件、书面记录和材料）。

2. 精神病学/神经精神病学/成瘾医学面谈/检查于××××年11 月 30 日在我的办公室中进行。所做的面谈/检查包括对一系列标准化和非标准化的心理、化学物质依赖性以及相关测试的施测、随后的评分和解释，如下所述；

3. 作为我对霍姆斯女士进行的精神病学/神经精神病学面谈/检查的一部分，对她施测、随后又进行评分和解释的一系列标准化和非标准化的心理、化学物质依赖性以及相关的测试和清单如下：

　　a. 明尼苏达州多相人格量表，第二版，即 MMPI-2；

　　b. 米伦临床多轴清单，第三版，即 MCMI-Ⅲ；

　　c. 贝克抑郁量表，第二版，即 BDI-Ⅱ；

　　d. 成瘾评估问卷（非标准化）；

　　e. 密歇根州酒精筛选测试，即 MAST；

　　f. 药物滥用筛查测试，即 DAST；

　　g. 酒精使用障碍识别测试，即 AUDIT；

　　h. 简明精神状态检查表，即 MMSE；

　　i. 认知能力筛选检查表，即 CCSE；

　　j. 既往病史（非标准化）问卷；

4. 我在精神病学和神经精神病学、成瘾医学和司法精神病学方面的知识、背景、培训和经验，以及就本鉴定而言，我在职业精神病学方面的工作和经验。

> 这份完整报告的"历史"部分区分了霍姆斯女士正常、稳定的案发前背景和案发后她突出的精神症状。这说明了法医评估人员在处理损害（法律术语，临床医生可能使用后遗症或由伤害或事件引起的症状的表述方式）中的作用，而不是说明其在司法鉴定中的责任（是被告在民事案件中是否以非法或其他不当行为损害原告的法律问题）。在本案中，认真而频繁的电话沟通联系（专家/律师或法院/律师关系中的要点）有助于澄清两者的这一区别。

历史

佩内洛普·简·霍姆斯女士，白人，26岁（出生日期：××××年1月26日），单身（从未结婚；霍姆斯女士有男友：文森特，住址：CPA西区，年龄32岁，他俩自8月以来一直在约会），目前住在哥谭市的一所出租私人住宅中，××××年10月14日的强奸案发生在这里。

霍姆斯女士描述了她9岁那年的心理创伤事件（见上文），她说这导致了一段时间内其对心理学家和治疗师的不信任，但并没有造成永久性的心理后遗症。

霍姆斯女士案发前在哥谭市的一家时装设计公司任职。她毕业于格林州立大学，主修艺术和艺术史。毕业后她就一直在该公司任职。霍姆斯女士在格林州的乡村和郊区出生和长大，并且从未在该州以外超过一个星期，直到她搬到哥谭市"尝试新事物"（她的话）。除了在设计公司工作外，霍姆斯女士还在一家高档餐厅兼职，"以达到收支平衡"（她的话）。

在个人社会心理背景和过往经历方面，霍姆斯女士是独生女，在格林州出生和长大，她称童年"非常幸福"。霍姆斯女士的父亲舍伍德·霍姆斯（Sherwood Holmes）和母亲简·霍姆斯（Jane Holmes）都在××××年逝世，分别享年 55 岁和 53 岁。当时霍姆斯女士在大学读书。据霍姆斯女士所知，她父母身体健康，也没听说祖父母或家族中有任何严重的医学、精神病或相关问题的家族史。

霍姆斯女士将她的童年、青春期和成年早期描述为"非常快乐"，那时，她上大学，学习成绩良好，受到欢迎，并参加了许多社交和课外活动。上大学期间，在与现任男友文森特认识之前，霍姆斯女士有过几段亲密的异性恋关系。后来，她在商务午餐会上遇到了文森特，他们很快就开始单独约会了，但并不在一起生活（在这方面，霍姆斯女士说"独立对我很重要"）。

> 在报告的这个部分，弗鲁特博士讨论并引用了霍姆斯女士对本案的陈述，同时强调它可能是可用来比较的几个例子之一。

基于上述背景和历史，霍姆斯女士（在我面谈/检查期间）对××××年 10 月 14 日强奸案向我做了如下陈述——可以与上文及其他现有的记录和材料中的有关描述做比较：

文森特工作到很晚，我们去看了电影，然后我乘地铁回家，到家凌晨 1：00 了。我开了门，很热。我打开浴室和厨房的窗户，打得很开。我换了轻便的衣服，然后开始洗碗。我忙得不可开交，做了清洁。我有一袋垃圾。我看了时钟，凌晨 3：00。我一直都在厨房里。我拿起垃圾时看到有个阴影从卧室走向浴室。我以为是文森特，应该是他。

我向门走去。一个男人从后面向我扑过来，我开始尖叫。

他用东西蒙住了我的头。我倒在地板上挣扎，搏斗。"这不会发生在我身上。"我无法翻身。他试图使我窒息，勒死我，然后我停了下来。然后我说："你为什么要杀我？"他停了下来，我又试图搏斗。不行。他的身体压在我身上，包括躯干和头部。他拿出枪，我感到生命受到威胁。我说："别伤害我。"他说："你要是做什么事，我就杀了你。"

他把我的手绑在背后，让我站起来，让我走进卧室，让我靠墙坐在床上。我求他走开。我试图说服他这里什么都没有。他说："钱在哪里？"这是一个很破的公寓。你多大岁数？他问。"二十多。""你不用这样。"他把我放在床上，走进了厨房，从厨房里拿了一个收音机来淹没我的尖叫声。然后他走近，说："我来这里拿东西。"他亲吻了我的脖子。我知道他要强奸我。我尖叫。他脱了我的衣服，我的裙子，亲吻我的乳房，逼迫我，我求他，和他厮打，他强奸了我。我不记得我当时有没有厮打。我记得他已经解开我，等了五分钟。他把我的手机扔在床上。我用手机打了911，他们告诉我不要清洗或淋浴。他走到窗前，从那儿走的，当时他已经解开了我。我不想告诉文森特，不想让这件事给我们带来麻烦。

警察来了，在厨房里对我进行了询问。后去医院，在救护车上，我感觉一团糟，哭泣，茫然。我让女救护车服务员不要告诉文森特，她说我不应该一个人扛着。她打电话给他，几个小时后他到了。（他们）也给他做了一个危机协议。一位女警探开车送我去的公寓，我洗完澡，然后睡了整个下午。文森特在那里待了两个晚上。床单上有微量脱氧核糖核酸，他们最终找到了罪犯。我很高兴，再没有人会跟踪我了，他说过如果我告诉任何人，他会杀了我。

> 在报告的这一部分，弗鲁特博士继续写强奸案发生后霍姆斯女士的经历。

据霍姆斯女士说，她此后长期处于失业状态，她说："我无法回到工作岗位，感到不合适，不太敢离开公寓，感到非常恐怖。我强迫自己每月在互联网上发送简历。我在公寓待了两三个月。"

在本案中的强奸事件发生几个月后，霍姆斯女士得以重返以前的两个工作（"我的两个老板都非常理解我，同情我。两人都是女性"）。她描述自己的日常生活活动：清晨起床，洗澡，穿衣，准备早上喝的咖啡，乘地铁上下班，从上午 8：00 到下午 5：00 工作一整天。她感觉"自从我重新工作以来，情况变得好起来，不适当的感觉减轻了……简单的工作也要花很长时间，有时我对工作很偏执……大约两个小时到家，和文森特一起，洗澡，做饭，检查我的电子邮件，并在晚上 11：00 看完新闻后上床睡觉。噪音困扰着我，与文森特的性爱也依然困扰着我"。

> 接下来，弗鲁特博士主要从法律视角以及强奸事件造成的临床症状角度写霍姆斯女士对损害的陈述。

谈及霍姆斯女士归因于强奸事件的精神症状，她在接受面谈/检查时告诉我："注意力下降了，就像我是另一个人一样。我容易哭泣，悲伤和怀疑。我拔头发，有时候疯狂，和文森特的性爱仍然是问题，过去是每天都有。我们谈论过一起生活，结婚，找个地方住。我没有失去工作，但是我的理想是做设计工作，而不是侍应生。"

关于霍姆斯女士就本案提起民事诉讼的原因，就诉讼与她目前的精神病学状况的关系而言，她告诉我，她"在一周内立即做出了该决定。事发前，我知道有人闯入，存在安全问题和散热问题。这是不对的。我不希望别人发生这种事情。我看到了律师广告，然后给他们打了电话"。

关于霍姆斯女士的"三个愿望"（一种非正式的心理投射技术），她告诉我它们是："抹掉我的记忆，像我以前一样清白；感到高兴、满意和满足……对文森特有信心。"

最后是霍姆斯女士对自己的评价（评分从0分到10分，其中0分代表她所遭遇的最糟糕的经历，也是她最糟糕的表现，而10分代表她所经历的最好的、最得意的事），霍姆斯女士对她人生中的各个重要时期进行了不同的估算。例如，她在童年和青春期的得分为8分（在那几年没有发现很高或很低的分数）；在佛蒙特大学读书期间得9分；在获得她的时装设计工作时得9分；因为她意识到自己需要额外的工作才能"达到收支平衡"（见上文）得4分；与文森特相识、约会得8分；本案中的强奸事件发生时为0分；目前与文森特的关系为6分；总体而言，截至接受我面谈/检查她时为5分。霍姆斯女士在回答我的具体问题时说，她希望在上述问题解决后，她"可能在10分中得7分或8分"，届时她不再需要参与该案有关的活动，这些活动都会提醒她强奸事件。

> 与任何临床或基于临床的精神病学/心理学报告一样，本报告的下两节写面谈/检查中的观察结果、发现和临床印象。该临床重点强调霍姆斯女士在面谈/检查时的临床状况，及解法医鉴定中的损害情况。这也为报告的"总结和意见"部分奠定了基础。

精神状态（精神病学）检查

被鉴定人是一个发育正常、营养良好的白人女子，穿着随意。她穿着绿色的裙子，一件浅色的外套，着靴子，打扮整齐，金发。

我向她介绍了自己，确定了她理解面谈/检查的目的和范围，并告诉她评估有可能不保密。她告诉我她可以接受。然后，我们进行了面谈/检查。

在整个面谈/检查过程中，霍姆斯女士都表现愉快、乐于合作，起初有些害羞和沉默寡言。但是，随着时间的流逝，她似乎变得更加自在，并且对面谈/检查的拘束越来越小，她的情感反应越来越活跃，并且与我的互动也越来越多。我认为，在整个面谈/检查中，霍姆斯女士开朗、愉快且合作。在整个面谈/检查中，尽管霍姆斯女士谈到了她一生中的许多悲伤事件，尤其是××××年 10 月 14 日的强奸事件，但没有迹象表明存在严重的情感障碍或症状（例如严重的抑郁症，躁狂症或自杀倾向）。同样，在这次面谈/检查中，也没有思维障碍和精神病性症状（例如幻觉、妄想、联想散漫等）。

由于法医精神卫生评估可能不是保密的，在评估者和被评估者之间也是没有特权的，因此重要的是在面谈/检查开始时告知被评估者，并征得他们的同意才进行评估。一些精神卫生专业人员（例如笔者）通过正式文件获得了此类书面同意，类似于获得医疗或手术程序的知情同意；另一些人则不这样。在刑事辩护案件中，最终由辩护律师决定是否使用专家的意见和报告，作为对被告"保持沉默的权利"的延伸。相反，在检方聘请和法院指定的法医精神卫生评估中，被告实际上在先前提出精神病辩护时放弃了特权，可以由控方和/或法院指定的专家进行询问。因此，评估和报告不享有特权或机密性，评估和报告可提供给辩方、起诉人和法院。

认知方面，霍姆斯女士是警觉的，在所有方面都具有定向力（在时间、人物、地点、这次面谈/检查的情况和原因方面都保持完整的定向力，包括她知道我们之间的这次面谈/检查没有隐私或机密性；这一点是她可以接受的），并且她完成了两个标准化的认知筛查测试（简明精神状态检查表和认知能力筛查检查表）。两种测试结果均无明显异常，也未显示严重的器质性障碍或认知障碍。我认为，霍姆斯女士的总体言谈表现与她作为文理学院毕业生的生活经验和正规教育水平相吻合。

附录 C 讨论了标准化和非标准化测试工具的使用。弗鲁特博士使用测试来扩展和加深她对霍姆斯女士的认识，并使用另一种形式的测试（铅笔和纸质问卷）来调查已讨论过的领域（例如化学物质依赖性）。

霍姆斯女士对几种标准化和非标准化的心理、化学物质依赖性以及相关的测试（以明尼苏达州多相人格量表第二版作为开始）结果被认为是无效的，因为：

"结果表明，被试者对许多项目无视其内容而随机回答。问卷无效，因为没有正确完成。对于以下解释性信息，应几乎没有权重。"（如该测试中由计算机生成的"综合报告"中的"应试行为"部分所述。）

另一方面，该报告认为霍姆斯女士完成米伦临床多轴清单第三版后由计算机生成的"解释性报告"有效，其中"根据测试数据，可以认为患者患有严重的精神障碍"。也就是说，这组结果的可能诊断包括"重度抑郁（反复发作，重度，无精神病性特征）""创伤后应激障碍"和"伴有混合焦虑和情绪低落的适应障碍"（如本报告"可能的诊断"部分所述）。

据了解，霍姆斯女士没有酒精和药物滥用方面的问题，她对几种化学物质依赖情况的测试的作答（成瘾评估问卷，密歇根州酒精筛选测试，药物滥用筛查测试和酒精使用障碍识别测试）都表明过去或现在她在这些方面都没有问题。

最后，霍姆斯女士完成的"既往病史"调查问卷表明她是一个总体健康状况良好的人，目前（或过去）未服用精神药物或未接受过精神病治疗，并且没有精神病或其他重大疾病史。

在考察霍姆斯女士是否符合《精神疾病诊断和统计手册，第四版，文本修订版》中的"创伤后应激障碍诊断标准"时，她不满足其中两个"A"诊断标准中的任何一个，尽管在我面谈/检查她时，根据她对××××年 10 月 14 日发生的强奸事件的谈论，她已经满足这两个标准。这两项标准要求："该人遭受了产生以下两种情况的创伤事件：（1）该人经历、目击或面对过涉及实际死亡或死亡威胁的事件，或威胁到自己或他人的身体完整性的事件……（2）该人的反应包括强烈的恐惧、无助或恐怖。"就霍姆斯女士对这些诊断标准其他症状的反应而言，她目前比事件发生后六个月内符合的要少。

> 下一节预计是该报告的"总结和意见"部分，将前面的所有部分综合起来，并结合如前所述的广泛使用的《精神疾病诊断和统计手册，第四版，文本修订版》，简要描述对霍姆斯女士的多轴诊断。

临床诊断印象

与美国精神病学协会《精神障碍诊断和统计手册，第四版，文本修订版》（2000 年）的当前诊断术语和格式保持一致，霍姆斯女士的临床诊断印象如下：

轴Ⅰ（临床障碍）：

1. 重度抑郁，单次发作，复发性，不伴有精神病性特征。

2. 创伤后应激障碍，慢性。

轴Ⅱ（人格障碍）：

没有诊断。

轴Ⅲ（一般临床状况）：

霍姆斯女士的总体身体状况似乎良好，没有需要医疗或治疗的活跃的、急性、慢性或持续性医学问题的征兆。

但是，在这种情况下，我注意到霍姆斯女士表示有必要对与××××年 10 月 14 日强奸事件有关的问题和症状进行精神治疗，尽管她不愿参与这种治疗。

轴Ⅳ（社会心理和环境压力源）：

作为一个临床实践问题，霍姆斯女士当前主要的"心理社会和环境问题"涉及与××××年 10 月 14 日强奸事件及其后果有关的症状。另一方面，据她说，她和男朋友关系很好，自己也有工作且工作勤奋，还有满意的住房，并又与男友有了性生活（尽管据她说，没有恢复到强奸案发生前的水平），同时她具有足够的学历背景，可以受聘从事专业工作，即使经济上没有足够的报酬，但她感到愉快和充实。

在我看来，这些问题以及"与法律体系相互作用有关的问题"，特别是与上述诉讼有关的活动，以及这些活动对她与××××年 10 月 14 日强奸事件相关的周期性提醒，构成了霍姆斯女士当前主要的"环境和社会心理问题"。在这方面，霍姆斯女士自己估计，一旦上述诉讼解决了，她的"自我评价"（见上文）将更高。

轴Ⅴ（总体功能评估）：

总体功能评估量表评分为 60 分~70 分，表示轻度至中度的损害和症状。我认为符合她的情况。

总结与意见

佩内洛普·简·霍姆斯女士，白人，26 岁（出生日期：××××年 1 月 26 日），受过时装和设计领域的教育和培训，目前受雇于巴特泰特州哥谭市一家公司，从事这方面的工作。目前与男友文森特交往，据她说，两人自××××年 5 月约会以来，就一直保持着断断续续的关系。

> 与四份刑事案件鉴定报告一样，本民事案件鉴定报告的最后部分"总结与意见"以简洁而有说服力的方式总结了大量数据。前几节中主要的中立和客观语言在本节有了改变，因为这里是法医评估人员对评估中要解决的法庭科学证据问题，"基于一定的医学或心理或科学的合理概率或确定性程度"表达法医意见的地方，应当以令人信服的和有说服力的方式提出意见：法医精神卫生评估人员是其鉴定意见的主张者，而不是任何其他人员。

在这种背景下，霍姆斯女上于××××年 10 月 14 日凌晨，她在哥谭市的公寓中被人强奸，如上所述，并且在本案现有的记录和材料中还有其他地方对此也有描述。发生该事件后，哥谭市医疗中心对霍姆斯女士进行了紧急评估，此后她有时还拨打当地热线电话进行咨询和获得支持。案发后，她一直没有参与精神科治疗，尽管她认为在临床上她需要这种治疗。案件发生后，她曾长时间处于失业状态，最终她返回了目前的工作中。

> 在强奸事件发生后，霍姆斯女士未曾接受过精神科或心理治疗，这是弗鲁特博士后来将她描述为"幸存者"的重要原因。

在这样的过往背景下，霍姆斯女士对她公寓的所有者提起了上述诉讼。在该诉讼的背景下，您的办公室安排了这次重新鉴定（我的鉴定意见是上述马库斯·韦尔比博士的意见之外的第二种意见），以探讨霍姆斯女士目前的精神病学/神经精神病学状况与她××××年10月14日被强奸经历的关系（如果存在精神异常的话）。

本鉴定报告所依据的信息来源；霍姆斯女士强奸事件发生前的背景和历史；从案发到我就此问题对其进行面谈/检查时的背景和经历；我对霍姆斯女士的精神病学/神经精神病学方面的观察和所见；以及我对霍姆斯女士的临床诊断印象都与上述和本案其他可用的记录和材料中的描述一样。对这部分信息将不在本报告中重复。

> 在"总结和意见"中的这个部分，弗鲁特博士的文书很大程度上脱离了历史性主调，开始阐述她对强奸事件给霍姆斯女士造成损害的看法。

霍姆斯女士目前的精神病学/神经精神病学状况以及相关的诊断和功能水平，都如上所述。尽管在我看来，我对韦尔比博士对霍姆斯女士目前状况的意见基本赞同，但我注意到，在她的生活中，霍姆斯女士目前的自我评价（见上文）与她生活中其他各个阶段的自我评价（在某些方面对她的心理造成了伤害）没有太大区别；她对自己的评分以及符合创伤后应激障碍（自事件发生起）诊断标准的症状变少表明，自事件发生以来，她的临床状况有所缓解和改善。从这个意义上讲，作为"幸存者"（我的用语；见上文），霍姆斯女士可能从本案××××年10月14日强奸事件的直接和长期创伤中"幸存"下来了。

有鉴于此，我注意到韦尔比博士对霍姆斯女士进行心理治疗和药物治疗的建议。霍姆斯女士本人认可，对她而言这种治疗是必要的。但是，尽管她被建议进行这种治疗，但在没有这种帮助的情况下，霍姆斯女士经过努力，在个人、职业、社交以及与男朋友关系方面，仍然处理尚好。在我看来，这凸显了她是幸存者。正如韦尔比博士所设想的那样，有效的精神病治疗可能会有助于恢复霍姆斯女士的自尊，缓解其与工作相关的症状（例如，她感到记忆力存在问题）以及恢复整体健康：我非常同意建议霍姆斯女士参与这种治疗，但也要注意目前没有这种治疗她也具有良好的社会功能。

> 在最后的实质性段落中，弗鲁特博士简洁地表达了她对本案的专家意见，着重描述了霍姆斯女士作为幸存者的特征。

综上所述，我的（具有一定医学合理可能性）精神病学/神经精神病学意见是，由于××××年10月14日的强奸事件，霍姆斯女士经历了创伤后应激障碍和其他精神疾病问题，她对该事件的反应受到她以前经验的影响（例如，霍姆斯女士在××××年10月14日案件发生前后不同阶段的自我评价）；尽管经历了这一事件及其后果，霍姆斯女士仍然能够继续与男友文森特保持联系，并获得工作，从而能够在日常工作中恢复独立。霍姆斯女士无需进行精神病治疗和/或心理药物治疗就能取得这些成就；总而言之，尽管发生了强奸事件，且事件发生后她缺乏具体的治疗方法来解决事件的后果和后遗症，霍姆斯女士的幸存者身份（见上文）使她能够做得像以前一样好。

最后，在本评估和报告的背景下，我重申：霍姆斯女士所感受到的与诉讼有关的活动具有的强调和提醒作用，使她回想起并增强了她对事件本身的感觉，一旦该活动结束，她将继续进步，并在总体功能水平和幸福感方面提高自己的评价（即，她的自我评价）。

> 最后，弗鲁特博士写下了惯例性的声明，将她的法医报告与纯临床报告区分开来。

我根据有关独立医学检查的限制性规定，参照由原始情况产生的具体问题，对被鉴定人进行了检查。因此，可以理解为，没有给予或建议治疗，也不存在医生/患者的关系。

我保证，本报告中包含的信息由签名人准备，本报告由签名人撰写。我保证这是真实的，除签名人外，未经其他任何人修改。

如果您对此评估和报告有疑问，或者如果您在此问题上需要我提供其他服务，请告知我。

非常感谢你。

塞尔玛·弗鲁特，医学博士

案例分析与结果

参照表 1.1，此评估聚焦于弗鲁特博士对发生于××××年 10 月 14 日的强奸事件对霍姆斯女士造成的精神病学/神经精神病学/成瘾医学方面的影响的判断。在这方面，作为"人身伤害"的法医精神病学评估，这个案例并不是一个不寻常的案例，尽管它确实是一个极端的创伤案例。

原告（和原告方的精神卫生专家）和被告（以及辩护方精神卫生专家）在这类案件中都关注的问题包括，案涉创伤事件（本案中的强奸）在多大程度上是受害人在相关时间段内发生的唯一此类案件。

另一方面，其他干预变量（例如吸毒或酗酒问题；婚姻和伴侣关系中的冲突和虐待；压力大、困难大的工作环境；童年的虐待和创伤；其他创伤性经历，例如之前和之后发生的机动车事故/或相关事件；以及其他此类事件）可能与原告当时的精神状态以及精神病学/神经精神病学/成瘾医学状况有关。

在这方面，当这些干预变量可能相关时，应由进行评估的精神卫生专业人员获取一份完整的病史，这份病史由所有可能获得的有关该人的背景和病史的记录和材料支撑（无论是否支持）。（这些记录和材料包括医学和精神病学/心理诊断和治疗记录及咨询，就业记录、学校记录、服兵役记录，毒品和酒精的治疗记录以及任何其他可能获得的此类记录。显然，对于刑事和民事法医精神卫生评估，均是如此。）

尽管弗鲁特博士在她的报告中承认了本案提起诉讼的依据（即，据称是房东违反了公认的安保标准），但她在本报告中并未就该违反提供准法律意见。虽然在专业责任/渎职行为诉讼中，关注的可能是违反公认的实践标准的问题，但在本案中，临床专家（而非建筑安全专家）的这种意见是不妥的。弗鲁特博士适当地集中了她的评估，并就此人身伤害诉讼中聘请方律师所要求的特定法医精神卫生问题进行了报告。

与芬奇博士的刑事案件鉴定报告一样，弗鲁特博士也按时间顺序来撰写报告，以便对材料进行分类和审查，并在必要时作证，以类似于诉讼律师准备审判笔记本的方式。

最终，该案通过谈判和解得以解决，而无需进行审判或由弗鲁特博士提供专家证词。但是，聘请方辩护律师认为在此事最终解决之前，她的评估和报告对辩护律师所说的"损害控制"以及辩护律师所称的"合理解决"是有帮助的。

对于复杂问题的报告可以直接给出仔细的推理和有说服力的书面意见是律师/专家或法院/专家之间关系的又一要点：不含术语，明晰且令人信服的报告，可满足法院或聘请方律师的需求。

> 接下来是完整的法医专家报告，以使读者对最终提交给聘请律师或法院的最终报告能准确了解。

完整报告

在我们就上述问题进行了电话讨论和通信后，根据以下信息，我将为您撰写本人对佩内洛普·简·霍姆斯女士在本案中的精神病学/神经精神病学/评估的报告。

此报告是应您的要求提供的，旨在就霍姆斯女士目前的精神状态（精神病学/神经精神病学状况）及其与她在××××年10月14日于巴特泰特州哥谭市公寓中遭到性侵犯（强奸）经历的关系（如果合适的话）给出我的（具有一定合理医学可能性的）精神病学/神经精神病学意见，详情请见下文。

在开始本评估和报告前，我需要强调本评估和报告的重点是霍姆斯女士当前的精神病学/神经精神病学状况，其依据是以下所述的信息来源；在本案中，我注意到霍姆斯女士9岁时发生的一段往事（将在下文中进一步详细讨论），这导致除其他特征外，她对精神卫生专业人员还有不信任感。她感觉这种不信任感对她目前仍有影响：她在××××年 10 月 14 日事件发生后没有寻求精神/心理帮助或咨询。此问题及相关问题将在下面进一步详细讨论。

在本报告中，在最初列出并讨论了与本评估和报告相关的记录和材料之后，我将介绍和讨论本案中与××××年 10 月 14 日事件发生有关的霍姆斯女士的背景和经历；将介绍和讨论××××年 12 月 20 日在我的办公室进行面谈/检查时，我对霍姆斯女士的心理/神经精神学观察结果和调查结果；将介绍和讨论我对霍姆斯女士的临床诊断印象；并以对霍姆斯女士当前的精神病学/神经精神病学状况及其与本案中××××年 10 月 14 日事件的关系（如果同样合适的话）的讨论结束报告（在"总结和意见"部分中）。

对于有关霍姆斯女士背景和经历的更多信息和细节，在××××年 10 月 14 日这一事件中她的过往及其目前的后果以及该事件的其他方面，读者可以参考下述可用的记录和材料。

本评估和报告所依据的信息来源如下：

1. 我所审查的由贵处就本案向我提供的记录和材料文本如下：

a. 与霍姆斯女士目前的工作有关的就业/行政记录和材料（她受雇于巴特泰特州哥谭市的一家时装设计公司），与本案中××××年 10 月 14 日事件有关的精神病学/神经精神病学及其他相关材料。

有关此材料中包含的信息和行政/雇用、佣金以及相关详细信息，也请读者参考此材料。

b. 本案中的"书面质询"（被告对原告）和"对书面质询

的答复"（原告对被告），一份出具日期为××××年7月10日，另一份未注明日期。就当前的目的而言，书面质询请求"对所声称的永久性伤害或状况以及所有当前的诉求进行详细描述"（书面质询4），以及"对所有伤害的性质、程度和持续时间进行详细描述"（书面质询3）。对书面质询3的答复载："我有瘀伤……我遭受了精神伤害。我持续感到疼痛和不适……因此，我相信这些伤害是永久性的。"对书面质询4的答复如下："请参阅先前的答复。我目前的症状包括：我感到自己一无是处……我觉得很脏……我非常沮丧和悲伤。我感到绝望。"

关于治疗问题，霍姆斯女士对书面质询8的答复（"仍在接受治疗"）回答了该问题："我可能会去见治疗师，但目前我不相信任何人能做这样的治疗。"

对书面质询2的答复详细说明了××××年10月14日凌晨，在哥谭市霍姆斯女士公寓内发生的强奸事件。更多和更详细的信息，请读者参考该答复。

c. 古德温·博恩斯医生（骨科医生）的病历和材料，包括哥谭市医疗中心急诊科关于霍姆斯女士的急诊诊断和治疗的临床记录、图表和进展说明。在我看来，博恩斯博士的笔记并未具体讨论霍姆斯女士所遭受的性侵犯，而"哥谭市医疗中心急诊科护士记录"则讨论了。

"多学科评估/进展说明"（第4部分）评估指出：

患者眼泪汪汪，但能正确回答问题。主诉：性侵害，并被哥谭市警察局带到急诊室。有阴茎插入阴道，无肛门插入，无口腔性接触……患者诉她曾试图与性侵者搏斗……"逃脱"，但性侵者有枪，她"担心自己的生命安全"。

患者诉性侵者绑住了她的手腕……患者诉性侵者撩起她的衬衫露出乳房，脱下了她的内衣和短裤。

d. 博恩斯博士给克拉伦斯·达罗三世（本案中霍姆斯女士聘请的律师）的信，未注明日期，在××××年 5 月 31 日的转介信中，由达罗先生转给您。博恩斯博士提到了霍姆斯女士，称她"由于××××年 10 月 14 日发生的事件而受到伤害，于××××年 11 月 10 日来到我的办公室。首先，她处于极大的精神和情感困扰中。我必须非常温柔地接近她，因为她的身体处于高度警觉的防御状态……然后，她需要寻求其他形式的治疗来满足她的需求。我觉得这次事件使她遭受了很大的挫折，她正在慢慢地康复……她总共来访 14 次"。

e. 与哥谭市警察局提供的警方对××××年 10 月 14 日发生的霍姆斯女士遭强奸事件作出的反应和调查有关的刑事/法律/发现记录和材料，其中包括响应人员的案情报告以及其他此类记录和材料。

在我所阅读的材料中，警察西奥·罗斯福对所涉事件的摘要最为详尽，如下：

受害人到达后说，当她从厨房出来进入客厅时，她看到一名穿深色连帽运动衫的男子从浴室出来。案犯和受害人开始厮打。然后，案犯强迫受害者进入卧室，将她的双手绑在背后，并用衬衫遮住脸。当受害者尖叫时，案犯从厨房取了收音机，并将其放在客厅地板上，然后大声播放音乐。

然后，案犯爬到受害者的身上，拉起衬衫，亲吻她的乳房，拉下内裤和短裤。受害人告诉案犯她病了，他最好戴避孕套。他说："哦，当然。"她相信他戴上了。然后，案犯将阴茎插入她的阴道。完成该行为后，案犯对受害人说："不要告诉任何人。我知道你住哪儿。我会杀了你。"案犯后来从卧室的窗户离开。

有关该侦查报告中包含的更多信息及相关记录和材料，请读者自行参阅。

f. 一份精神病学评估报告和一份马库斯·韦尔比博士的简历，表明××××年 7 月 1 日霍姆斯女士曾接受了咨询。这两份材料是达罗先生随××××年 8 月 10 日的信寄给您的。

韦尔比博士在报告中首先指出，评估的目的是"评估她（霍姆斯女士）的精神状况"，然后他列出了他在评估中所查阅的五组记录和材料。在我所阅读的材料中，该报告的"伤害描述"部分很长，并详细说明了诸如上述警察报告中的摘要。有关详细信息，请读者参阅韦尔比博士报告的那些部分。

在讨论了××××年 10 月 14 日发生的事件及她随后在哥谭市医疗中心进行的评估后，韦尔比医生写道："上午，霍姆斯女士得以离开医院。她和文森特在警区警探的陪同下前往当地民政事务处，以便对事件进行记录。她被要求再次描述强奸的细节，这对她是压垮性的打击。大约两个小时后，她再也无法承受压力了。此刻她非常生气，因此警察结束了他们的询问，开车将霍姆斯女士和文森特送回家。当她到达公寓时，霍姆斯女士发现公寓大部分表面都被黑色的指纹粉覆盖，并且公寓的门被粘上了胶带……她去拜访了住在巴特泰特州北部的儿时朋友，并一起住了几个星期。回来后，她搬到另一间公寓。尽管她更想搬到另一个公寓大楼，但她和文森特无法负担这种搬家的费用。"

在报告的下一部分，韦尔比博士从精神病学角度描述了霍姆斯女士对该事件的症状反应，并指出这种症状与创伤后应激障碍相符，因为霍姆斯女士"经由反复的、强制性的对强奸的痛苦回忆持续地反复体验到强奸。她经常经历强奸的闪回，并持续存在自己公寓中有男人的'影子'的错觉……总体反应麻木，表现为：冷淡，与他人的疏离和疏远，有限的情感反应，以及感觉生活包含许多阴谋……食欲大幅度下降，并伴有胃肠道不适和体重减轻，极端的睡眠延迟，最终在太阳开始升起时才睡，一直睡到下午，无恢复性睡眠，精神运动迟缓和无动力感……过度焦虑，并担心许多通常与信任、安全、脆弱性和未来有关的问题……惊恐发作，她每周大约都要经历两次。这些发作于霍姆斯女士重返工作岗位时发生。她对自己有效运作和应对脆弱感能力的预期焦虑可能是大多数发作的诱因。对未来发作的预期焦虑以及继发于发作的回避行为尚未形成"。

关于精神状态检查，韦尔比博士指出："由于霍姆斯女士对回忆强奸案非常紧张，她花了一些时间才开始谈论强奸案。心情显然很沮丧。表情与情绪相一致，不时流眼泪。在说及强奸细节时，霍姆斯女士似乎正在经历闪回，她也承认这种情况正在发生。认知似乎完好无损。"

接下来，韦尔比博士在报告中描述了霍姆斯女士对自己的个人成长经历的叙述（也将在下文进行讨论）。出于当前的目的，通过比较事件发生前后霍姆斯女士对自己的描述，韦尔比博士写道：霍姆斯称自己在被强奸之前是一个社交活跃的女人，喜欢她的工作、家和人际关系。她喜欢看电影、跳舞、在哥谭市的街道上散步、和朋友们在一起、写诗和参加作家团体。她渴望帮助他人的愿望使她自愿与一群外国学生一起做志愿服务……霍姆斯女士以前没有精神科疾病或干预的病史，也没有精神病家族史。她没有服兵役。以前她没有参与过诉讼……被强奸后，她陷入了一个"黑洞""退缩到一个牢房"，感到无法重新回到生活中。她形容每天都非常痛苦，她的自我意识被打破。她对独自一人感到恐惧，于是恳求文森特辞职并与她待在一起保护她，但他没有这样做。文森特继续工作。她开始以入侵者闯入时他不在家，因而无法阻止强奸为由，非理性地责怪他。然后，她担心在最需要文森特时会无法得到他的帮助，这激起了她不切实际的愤怒，使她多次终止恋爱关系。

在强奸案件发生之前，霍姆斯女士说她和文森特有很和谐的性生活。她为自己的身体感到自豪，并对自己的性生活感到满意。她感到自由自在，非常喜欢与文森特做爱。被强奸后，霍姆斯女士花了一年时间才愿意发生性关系。现在，她的性生活大约每月一次，不再有跟以前相同的感觉。她说："我不再是同一个人了。"

随后，"霍姆斯女士被告知强奸犯被捕。遗留在她床单上的精液提供了追踪案犯的脱氧核糖核酸证据。霍姆斯女士在被强奸时即意识到这将成为确定案犯身份、对其进行抓捕的线索，从而产生自己有能力的感觉。她也体验到正义感。尽管最初她对案犯不再杀死她感到放心，但这并没有减轻她极端的恐惧和脆弱感"。

在就业方面，韦尔比博士写道：霍姆斯意识到，尽管在强奸案后她感到太脆弱，不足以恢复工作，但孤僻和不正常的生活对她是不健康的。霍姆斯女士发现自己非常健忘，头脑一片空白，不再能够像以前那样登记信息。尽管以前她在解决问题上充满活力，但现在却感到不知所措。她的不完美感无处不在，悲伤也无处不在。霍姆斯女士说，幸运的是，她的同事和上司一直非常支持她。一位同事给了她一辆汽车，但由于她太害怕了，缺乏安全感，无法开车，并且担心会发生致命事故，她改为乘公共交通工具上下班……而这个路程很长。"

在诊断方面，韦尔比博士使用《精神疾病诊断和统计手册，第四版，文本修订版》的名称和格式（如下所述）给出了以下信息：

轴Ⅰ（创伤后应激障碍）：

重度抑郁症，单次发作严重，无精神病性症状。

轴Ⅱ

没有诊断。

轴Ⅲ

没有一般的医疗状况。

轴Ⅳ（社会心理和环境压力源）：

强奸发生在不安全的家庭环境中，导致严重的沮丧、动力缺失和人际冲突。

轴Ⅴ（总体功能评估）：

得分 52 分。

最后，在"治疗建议"方面，韦尔比博士建议"采用药物治疗和心理治疗相结合对霍姆斯女士进行治疗"。她还指出："不幸的是，由于这种脆弱感和担心受害，霍姆斯女士不愿意接受精神科治疗，她害怕如果她接受治疗，会使她容易受到医生的伤害。"（当霍姆斯女士向我陈述病史时，她一再担忧精神病医生再次背叛，就像前文所述的她 9 岁时经历的那样。下文将进一步详细讨论）。

韦尔比博士在本报告中的"印象"是："上述精神疾病与××××年 10 月 14 日发生的强奸直接相关并由其引起。由于创伤的强度以及随后发生的精神障碍的严重程度，预计可能会出现永久性精神病性后遗症。"

g. 霍姆斯女士在本案中的证词副本，摘录于××××年 7 月14 日。

从我查阅的材料看，证词的内容重申并强调了其他记录和材料中（例如警察报告，哥谭市医疗中心急诊部对霍姆斯女士的评估记录以及其他此类文件）的很多要点。

在她目前的精神学/神经精神病学状况及其与强奸事件的关系，以及随后的治疗方面，霍姆斯女士说，她在强奸后联系了危机热线，并曾两次与该热线的工作人员进行过交谈，她曾向韦尔比医生咨询过，但在强奸事件发生后未进行任何精神科治疗。她还提到，她"很久以前（9岁时）在学校里有过一次经历"，这影响了她在强奸事件后作出不寻求精神病治疗的决定。

霍姆斯女士在证词中说，她"当时是 9 岁左右，我们学校有一名心理师，我与她分享了一些非常私密的事情，她去告诉了校长，我被学校开除了……当时我和我大姑住在一起，有两个邻居每天深夜在别人都入睡后来到我身边，试图引诱我发生性关系。尽管从来没有发生过性交，但是非常色情。我感到深陷其中，就去向学校的心理师寻求帮助。心理师把我告诉她的内容告诉了校长，我认为这些内容是私密的。我因此被学校开除，被羞辱，我母亲、我的家人也被羞辱……我被困在家里至少七个月的时间，羞愧难堪，无法敞开心扉且无法自拔，对官方机构很敏感，害怕被官方机构出卖。这就是为什么我没有寻求心理帮助，因为即使我知道我需要，我必须这样做，但我无法让自己去做，这就是为什么我会一直推迟就此问题寻求专业帮助"。

关于本案中××××年 10 月 14 日强奸事件的后果，霍姆斯女士在证词中也作了陈述："我完全丧失了自我意识、自信、自尊心，感到支离破碎，总的来说，我感到不安全。对曾经很确定的事情，例如我的职业生涯和情感生活，我感到不确定了。我的男朋友……也受到这件事的影响……因为我有点责备他案时不在，我也曾试图去除这样的想法，回归理性，实际上他与此无关。我总禁不住这样想，感觉他保护不了我，这让我对我俩的未来充满不确定性……我感到偏执——在案件发生之前，与他人在一起我非常自在，现在我感觉到我一直在查看身边的人，似乎人人都可能会伤害我，这跟以前不一样了……在工作中我发现现在我的记忆力真的很差。我不像以前那样敏锐，只能做很少的、基础的简单工作，并且伴随着一种缺乏自信的感觉，感到自己没有能力，只是丑陋……不好意思，我觉得很尴尬，也感到内疚和羞愧……我开始对自己的职业有疑问，我曾经——我以前从不怀疑……我是否选择了正确的职业，是否一生都愿意从事这个职业……这类问题。"

霍姆斯女士在自己的证词中也就她目前的状况评论说："情况已经变得好一些了。我将更多的时间花在与朋友的交流上，我强迫自己与人相处并接触我很久没有接触的家人，这些都对我有帮助……哭泣？……我吃饭好一些了……事发后我腹泻了一个月，什么都不想吃，吃的东西都吐了，我感到很恶心……（体重减轻）至少 20 磅……是的（她的体重恢复了）……"

关于所涉案件的其他后果，霍姆斯女士说："性方面，我不向以前那样有性欲……也不那么频繁，而且，我现在很沮丧，以前不这样……自从 12 月以来，我们（她和文森特）已经分手了几次，最后一次好像是三周前……我出门少了。我以前常常在深夜去跳舞，有一次是我自己一个人去露营。我现在不敢这样做了。我现在总是很害怕，以前不……在社交上，我以前从不笨拙，很愿意社交，现在当我与他人在一起时，我有很强的自我意识，感觉自己有个大秘密，像是被囚禁，我觉得自己不如别人。"

有关此证词笔录的更多信息和细节，请读者参考这份笔录。

2. 精神病学/神经精神病学/成瘾医学面谈/检查于××××年 11 月 30 日在我的办公室中进行。所做的面谈/检查包括对一系列标准化和非标准化的心理、化学物质依赖性以及相关测试的施测、随后的评分和解释，如下所述；

3. 作为我对霍姆斯女士进行的精神病学/神经精神病学面谈/

检查的一部分，对她施测、随后又进行评分和解释的一系列标准化和非标准化的心理、化学物质依赖性以及相关的测试和清单如下：

    a. 明尼苏达州多相人格量表，第二版，即 MMPI-2；

    b. 米伦临床多轴清单，第三版，即 MCMI-Ⅲ；

    c. 贝克抑郁量表，第二版，即 BDI-Ⅱ；

    d. 成瘾评估问卷（非标准化）；

    e. 密歇根州酒精筛选测试，即 MAST；

    f. 药物滥用筛查测试，即 DAST；

    g. 酒精使用障碍识别测试，即 AUDIT；

    h. 简明精神状态检查表，即 MMSE；

    i. 认知能力筛选检查表，即 CCSE；

    j. 既往病史（非标准化）问卷；

4. 我在精神病学和神经精神病学、成瘾医学和司法精神病学方面的知识、背景、培训和经验，以及就本鉴定而言，我在职业精神病学方面的工作和经验。

历史

佩内洛普·简·霍姆斯女士，白人，26 岁（出生日期：××××年 1 月 26 日），单身（从未结婚；霍姆斯女士有男友：文森特，住址：CPA 西区，年龄 32 岁，他俩自 8 月以来一直在约会），目前住在哥谭市的一所出租私人住宅中，××××年 10 月 14 日的强奸案发生在这里。

霍姆斯女士描述了她 9 岁那年的心理创伤事件（见上文），她说这导致了一段时间内其对心理学家和治疗师的不信任，但并没有造成永久性的心理后遗症。

霍姆斯女士案发前在哥谭市的一家时装设计公司任职。她毕业于格林州立大学，主修艺术和艺术史。毕业后她就一直在该公司任职。霍姆斯女士在格林州的乡村和郊区出生和长大，并且从未在该州以外超过一个星期，直到她搬到哥谭市"尝试新事物"（她的话）。除了在设计公司工作外，霍姆斯女士还在一家高档餐厅兼职，"以达到收支平衡"（她的话）。

在个人社会心理背景和过往经历方面，霍姆斯女士是独生女，在格林州出生和长大，她称童年"非常幸福"。霍姆斯女士的父亲舍伍德·霍姆斯（Sherwood Holmes）和母亲简·霍姆斯（Jane Holmes）都在××××年逝世，分别享年 55 岁和 53 岁。当时霍姆斯女士在大学读书。据霍姆斯女士所知，她父母身体健康，也没听说祖父母或家族中有任何严重的医学、精神病或相关问题的家族史。

霍姆斯女士将她的童年、青春期和成年早期描述为"非常快乐"，那时，她上大学，学习成绩良好，受到欢迎，并参加了许多社交和课外活动。上大学期间，在与现任男友文森特认识之前，霍姆斯女士有过几段亲密的异性恋关系。后来，她在商务午餐会上遇到了文森特，他们很快就开始单独约会了，但并不在一起生活（在这方面，霍姆斯女士说"独立对我很重要"）。

基于上述背景和历史，霍姆斯女士（在我面谈/检查期间）对××××年 10 月 14 日强奸案向我做了如下陈述——可以与上文及其他现有的记录和材料中的有关描述做比较：

文森特工作到很晚，我们去看了电影，然后我乘地铁回家，到家凌晨 1：00 了。我开了门，很热。我打开浴室和厨房的窗户，打得很开。我换了轻便的衣服，然后开始洗碗。我忙得不可开交，做了清洁。我有一袋垃圾。我看了时钟，凌晨 3：00。我一直都在厨房里。我拿起垃圾时看到有个阴影从卧室走向浴室。我以为是文森特，应该是他。

我向门走去。一个男人从后面向我扑过来，我开始尖叫。他用东西蒙住了我的头。我倒在地板上挣扎，搏斗。"这不会发生在我身上。"我无法翻身。他试图使我窒息，勒死我，然后我停了下来。然后我说："你为什么要杀我？"他停了下来，我又试图搏斗。不行。他的身体压在我身上，包括躯干和头部。他拿出枪，我感到生命受到威胁。我说："别伤害我。"他说："你要是做什么事，我就杀了你。"

他把我的手绑在背后，让我站起来，让我走进卧室，让我靠墙坐在床上。我求他走开。我试图说服他这里什么都没有。他说："钱在哪里？"这是一个很破的公寓。你多大岁数？他问。"二十多。""你不用这样。"他把我放在床上，走进了厨房，从厨房里拿了一个收音机来淹没我的尖叫声。然后他走近，说："我来这里拿东西。"他亲吻了我的脖子。我知道他要强奸我。我尖叫。他脱了我的衣服，我的裙子，亲吻我的乳房，逼迫我，我求他，和他厮打，他强奸了我。我不记得我当时有没有厮打。我记得他已经解开我，等了五分钟。他把我的手机扔在床上。我用手机打了911，他们告诉我不要清洗或淋浴。他走到窗前，从那儿走的，当时他已经解开了我。我不想告诉文森特，不想让这件事给我们带来麻烦。

警察来了，在厨房里对我进行了询问。后去医院，在救护车上，我感觉一团糟，哭泣，茫然。我让女救护车服务员不要告诉文森特，她说我不应该一个人扛着。她打电话给他，几个小时后他到了。（他们）也给他做了一个危机协议。一位女警探开车送我去的公寓，我洗完澡，然后睡了整个下午。文森特在那里待了两个晚上。床单上有微量脱氧核糖核酸，他们最终找到了罪犯。我很高兴，再没有人会跟踪我了，他说过如果我告诉任何人，他会杀了我。

　　据霍姆斯女士说，她此后长期处于失业状态，她说："我无法回到工作岗位，感到不合适，不太敢离开公寓，感到非常恐怖。我强迫自己每月在互联网上发送简历。我在公寓待了两三个月。"

　　在本案中的强奸事件发生几个月后，霍姆斯女士得以重返以前的两个工作（"我的两个老板都非常理解我，同情我。两人都是女性"）。她描述自己的日常生活活动：清晨起床，洗澡，穿衣，准备早上喝的咖啡，乘地铁上下班，从上午 8：00 到下午 5：00 工作一整天。她感觉"自从我重新工作以来，情况变得好起来，不适当的感觉减轻了……简单的工作也要花很长时间，有时我对工作很偏执……大约两个小时到家，和文森特一起，洗澡，做饭，检查我的电子邮件，并在晚上 11：00 看完新闻后上床睡觉。噪音困扰着我，与文森特不和谐的性生活也依然困扰着我"。

　　谈及霍姆斯女士归因于强奸事件的精神症状，她在接受面谈/检查时告诉我："注意力下降了，就像我是另一个人一样。我容易哭泣，悲伤和怀疑。我拔头发，有时候疯狂，和文森特的性生活仍然是问题，过去是每天都有。我们谈论过一起生活，结婚，找个地方住。我没有失去工作，但是我的理想是做设计行业工作，而不是侍应生。"

　　关于霍姆斯女士就本案提起民事诉讼的原因，就诉讼与她目前的精神病学状况的关系而言，她告诉我，她"在一周内立即做出了该决定。事发前，我知道有人闯入，存在安全问题和散热问题。这是不对的。我不希望别人发生这种事情。我看到了律师广告，然后给他们打了电话"。

　　关于霍姆斯女士的"三个愿望"（一种非正式的心理投射技

术），她告诉我它们是："抹掉我的记忆，像我以前一样清白；感到高兴、满意和满足……对文森特有信心。"

最后是霍姆斯女士对自己的评价（评分从 0 分到 10 分，其中 0 分代表她所遭遇的最糟糕的经历，也是她最糟糕的表现，而 10 分代表她所经历的最好的、最得意的事），霍姆斯女士对她人生中的各个重要时期进行了不同的估算。例如，她在童年和青春期的得分为 8 分（在那几年没有发现很高或很低的分数）；在佛蒙特大学读书期间得 9 分；在获得她的时装设计工作时得 9 分；因为她意识到自己需要额外的工作才能"达到收支平衡"（见上文）得 4 分；与文森特相识、约会得 8 分；本案中的强奸事件发生时为 0 分；目前与文森特的关系为 6 分；总体而言，截至接受我面谈/检查她时为 5 分。霍姆斯女士在回答我的具体问题时说，她希望在上述问题解决后，她"可能在 10 分中得 7 分或 8 分"，届时她不再需要参与该案有关的活动，这些活动都会提醒她强奸事件。

精神状态（精神病学）检查

被鉴定人是一个发育正常、营养良好的白人女子，穿着随意。她穿着绿色的裙子，一件浅色的外套，着靴子，打扮整齐，金发。

我向她介绍了自己，确定了她理解面谈/检查的目的和范围，并告诉她评估有可能不保密。她告诉我她可以接受。然后，我们进行了面谈/检查。

在整个面谈/检查过程中，霍姆斯女士都表现愉快、乐于合作，起初有些害羞和沉默寡言。但是，随着时间的流逝，她似乎变得更加自在，并且对面谈/检查的拘束越来越小，她的情感反应越来越活跃，并且与我的互动也越来越多。我认为，在整个面谈/检查中，霍姆斯女士开朗、愉快且合作。在整个面谈/检查中，尽管霍姆斯女士谈到了她一生中的许多悲伤事件，尤其是××××年 10 月 14 日的强奸事件，但没有迹象表明存在严重的情感障碍或症状（例如严重的抑郁症，躁狂症或自杀倾向）。同样，在这次面谈/检查中，也没有思维障碍和精神病性症状（例如幻觉、妄想、联想散漫等）。

认知方面，霍姆斯女士是警觉的，在所有方面都具有定向力（在时间、人物、地点，这次面谈/检查的情况和原因方面都保持完整的定向力，包括她知道我们之间的这次面谈/检查没有隐私或保密性；这一点是她可以接受的），并且她完成了两个标准化的认知筛查测试（简明精神状态检查表和认知能力筛查检查表）。两种测试结果均无明显异常，也未显示严重的器质性障碍或认知障碍。我认为，霍姆斯女士的总体言谈表现与她作为文理学院毕业生的生活经验和正规教育水平相吻合。

霍姆斯女士对几种标准化和非标准化的心理、化学物质依赖性以及相关的测试（以明尼苏达州多相人格量表第二版作为开始）结果被认为是无效的，因为：

"结果表明，被试者对许多项目无视其内容而随机回答。问卷无效，因为没有正确完成。对于以下解释性信息，应几乎没有权重。"（如该测试中由计算机生成的"综合报告"中的"应试行为"部分所述。）

另一方面，该报告认为霍姆斯女士完成米伦临床多轴清单第三版后由计算机生成的"解释性报告"有效，其中"根据测试数据，可以认为患者患有严重的精神障碍"。也就是说，这组结果的可能诊断包括"重度抑郁（反复发作，重度，无精神病性特征）""创伤后应激障碍"和"伴有混合焦虑和情绪低落的适应障碍"（如本报告"可能的诊断"部分所述）。

据了解，霍姆斯女士没有酒精和药物滥用方面的问题，她对几种化学物质依赖情况的测试作答（成瘾评估问卷，密歇根州酒精筛选测试，药物滥用筛查测试和酒精使用障碍识别测试）都表明过去或现在她在这些方面都没有问题。

最后，霍姆斯女士完成的"既往病史"调查问卷表明她是一个总体健康状况良好的人，目前（或过去）未服用精神药物或未接受过精神病治疗，并且没有精神病或其他重大疾病史。

在考察霍姆斯女士是否符合《精神疾病诊断和统计手册，第四版，文本修订版》中的"创伤后应激障碍诊断标准"时，她不满足其中两个"A"诊断标准中的任何一个，尽管在我面谈/检查她时，根据她对××××年10月14日发生的强奸事件的谈论，她已经满足这两个标准。这两项标准要求："该人遭受了产生以下两种情况的创伤事件：（1）该人经历、目击或面对过涉及实际死亡或死亡威胁的事件，或威胁到自己或他人的身体完整性的事件……（2）该人的反应包括强烈的恐惧、无助或恐怖。"就霍姆斯女士对这些诊断标准其他症状的反应而言，她目前比事件发生后6个月内符合的要少。

临床诊断印象

与美国精神病学协会《精神障碍诊断和统计手册，第四版，文本修订版》（2000年）的当前诊断术语和格式保持一致，霍姆斯女士的临床诊断印象如下：

轴Ⅰ（临床障碍）：

1. 重度抑郁，单次发作，复发性，不伴有精神病性特征。

2. 创伤后应激障碍，慢性。

轴Ⅱ（人格障碍）：

没有诊断。

轴Ⅲ（一般临床状况）：

霍姆斯女士的总体身体状况似乎良好，没有需要医疗或治疗的活跃的、急性、慢性或持续性医学问题的征兆。

但是，在这种情况下，我注意到霍姆斯女士表示有必要对与××××年 10 月 14 日强奸事件有关的问题和症状进行精神科治疗，尽管她不愿参与这种治疗。

轴Ⅳ（社会心理和环境压力源）：

作为一个临床实践问题，霍姆斯女士当前主要的"心理社会和环境问题"涉及与××××年 10 月 14 日强奸事件及其后果有关的症状。另一方面，据她说，她和男朋友关系很好，自己也有工作且工作勤奋，还有满意的住房，并又与男友有了性生活（尽管据她说，没有恢复到强奸案发生前的水平），同时她具有足够的学历背景，可以受聘从事专业工作，即使经济上没有足够的报酬，但她感到愉快和充实。

在我看来，这些问题以及"与法律体系相互作用有关的问题"，特别是与上述诉讼有关的活动，以及这些活动对她与××××年 10 月 14 日强奸事件相关的周期性提醒，构成了霍姆斯女士当前主要的"环境和社会心理问题"。在这方面，霍姆斯女士自己估计，一旦上述诉讼解决了，她的"自我评价"（见上文）将更高。

轴Ⅴ（总体功能评估）：

总体功能评估量表评分为 60 分 ~ 70 分，表示轻度至中度的损害和症状。我认为符合她的情况。

总结与意见

佩内洛普·简·霍姆斯女士，白人，26 岁（出生日期：××××年 1 月 26 日），受过时装和设计领域的教育和培训，目前受雇于巴特泰特州哥谭市一家公司，从事这方面的工作。目前与男友"文森特"交往，据她说，两人自××××年5月约会以来，就一直保持着断断续续的关系。

在这种背景下，霍姆斯女士于××××年10月14日凌晨，在哥谭市的公寓中被人强奸，如上所述，并且在本案现有的记录和材料中还有其他地方对此也有描述。发生该事件后，哥谭市医疗中心对霍姆斯女士进行了紧急评估，此后她有时还拨打当地热线电话进行咨询和获得支持。案发后，她一直没有参与精神科治疗，尽管她认为在临床上她需要这种治疗。案件发生后，她曾长时间处于失业状态，最终她返回到了目前的工作中。

在这样的过往背景下，霍姆斯女士对她公寓的所有者提起了上述诉讼。在该诉讼的背景下，您的办公室安排了这次重新鉴定（我的鉴定意见是上述马库斯·韦尔比博士的意见之外的第二种意见），以探讨霍姆斯女士目前的精神病学/神经精神病学状况与她××××年10月14日被强奸经历的关系（如果存在精神异常的话）。

本鉴定报告所依据的信息来源：霍姆斯女士强奸事件发生前的背景和历史；从案发到我就此问题对其进行面谈/检查时的背景和经历；我对霍姆斯女士的精神病学/神经精神病学方面的观察和所见；以及我对霍姆斯女士的临床诊断印象都与上述和本案其他可用的记录和材料中的描述一样。对这部分信息将不在本报告中重复。

霍姆斯女士目前的精神病学/神经精神病学状况以及相关的诊断和功能水平，都如上所述。尽管在我看来，我对韦尔比博士对霍姆斯女士目前状况的意见基本赞同，但我注意到，在她的生活中，霍姆斯女士目前的自我评价（见上文）与她生活中其他各个阶段的自我评价（在某些方面对她的心理造成了伤害）

没有太大区别；她对自己的评分以及符合创伤后应激障碍（自事件发生起）诊断标准的症状变少表明，自事件发生以来，她的临床状况有所缓解和改善。从这个意义上讲，作为"幸存者"（我的用语；见上文），霍姆斯女士可能从本案××××年10月14日强奸事件的直接和长期创伤中"幸存"下来了。

有鉴于此，我注意到韦尔比博士对霍姆斯女士进行心理治疗和药物治疗的建议。霍姆斯女士本人认可，对她而言这种治疗是必要的。但是，尽管她被建议进行这种治疗，但在没有这种帮助的情况下，霍姆斯女士经过努力，在个人、职业、社交以及与男朋友关系方面，仍然处理尚好。在我看来，这凸显了她是幸存者。正如韦尔比博士所设想的那样，有效的精神病治疗可能会有助于恢复霍姆斯女士的自尊，缓解其与工作相关的症状（例如，她感到记忆力存在问题）以及恢复整体健康：我非常同意建议霍姆斯女士参与这种治疗，但也要注意目前没有这种治疗她也具有良好的社会功能。

综上所述，我的（具有一定医学合理可能性）精神病学/神经精神病学意见是，由于××××年10月14日的强奸事件，霍姆斯女士经历了创伤后应激障碍和其他精神疾病问题，她对该事件的反应受到她以前经验的影响（例如，霍姆斯女士在××××年10月14日案件发生前后不同阶段的自我评价）；尽管经历了这一事件及其后果，霍姆斯女士仍然能够继续与男友文森特保持联系，并获得工作，从而能够在日常工作中恢复独立。霍姆斯女士无需进行精神病治疗和/或心理药物治疗就能取得这些成就；总而言之，尽管发生了强奸事件且事件发生后她缺乏具体的治疗方法来解决事件的后果和后遗症，霍姆斯女士的幸存者身份（见上文）使她能够做得像以前一样好。

最后，在本评估和报告的背景下，我重申：霍姆斯女士所感受到的与诉讼有关的活动具有的强调和提醒作用，使她回想起并增强了她对事件本身的感觉，一旦该活动结束，她将继续进步，并在整体功能水平和幸福感方面提高自己的评价（即，她的自我评价）。

我根据有关独立医学检查的限制性规定，参照由原始情况产生的具体问题，对被鉴定人进行了检查。因此，可以理解为，没有给予或建议治疗的必要，也不存在医生/患者的关系。

我保证，本报告中包含的信息由签名人准备，本报告由签名人撰写。我保证这是真实的，除签名人外，未经其他任何人修改。

如果您对此评估和报告有疑问，或者如果您在此问题上需要我提供其他服务，请告知我。

非常感谢你。

塞尔玛·J. 弗鲁特，医学博士

雇员伤亡赔偿局诉保罗·斯特朗等（BEC v. Paul Strong，et al.）；以及查伦·博伊尔诉保罗·斯特朗等（Charlene Boyle v. Paul Strong，et al.）

案例概述：工作场所的性骚扰

这是前雇员查伦·博伊尔（Charlene Boyle）提起的诉讼。代表原告博伊尔的律师聘请了精神科医生史蒂文·L. 米德（Steven L. Meade，医学博士，理学硕士），以评估原告的精神状况以及据称由工作场所骚扰引起的相关损害。米德博士的报告如下。

报告

> 就业法事务中的法医精神卫生评估很好地说明了民事事务中的责任（不在这些评估中解决）和损害赔偿（这些评估的目的和重点）之间的区别，人身伤害法中的法医精神卫生评估案例也是如此（例如霍姆斯诉莫里亚蒂房地产案等，这四个民事案件鉴定报告中的第一个）。在报告的开头（在本报告的第一段中）清楚地陈述了这一重要区别。

根据您的要求，并根据以下提供的材料来源，我正在为您撰写我对查伦·博伊尔女士的精神病学评估报告，以评估博伊尔女士当前的临床精神病学/神经精神病学/成瘾医学状况及其与被保罗·斯特朗先生涉嫌性骚扰的关系（如果有关系的话）。被指控的骚扰发生于她在斯特朗电池公司（Strong Battery Company）受雇期间，即从××××年 2 月（斯特朗先生涉嫌骚扰开始）到××××年秋天（博伊尔女士从斯特朗公司离职）。

在此背景下，我在报告的开头要强调，本鉴定报告旨在评估作为被斯特朗先生骚扰结果的博伊尔女士的精神病和心理问题（如果适用的话）。本评估和报告无意解决是否确实发生过骚扰的问题。关于该问题的意见将是行政/法律（就业法）上的问题，不在本临床研究报告的范围之内。

> 通过在报告的开头指出鉴定报告具有临床性质，笔者首先确定该报告针对的是损害赔偿（精神病学/神经精神病学/成瘾医学）问题（如果适用的话），而不是责任问题。

由于博伊尔女士的既往史、她被斯特朗先生骚扰的经历、自离开斯特朗电池公司以来的经历、她的家族史以及本案的其他此类方面和要素的详细信息，可在与此相关的大量记录和材料中进行查阅，在此报告中，我将不再重申这些记录和材料中包含的详细信息。

相反，在简要回顾了博伊尔女士的个人史，斯特朗先生涉嫌性骚扰的经过、犯法后的经历和处境，她的家族史等之后，我将重点介绍博伊尔女士目前的神经精神病学发现和印象。我将在此报告的结尾处描述该神经精神疾病状况，以及我关于博伊尔女士的现状与斯特朗先生涉嫌的性骚扰之间的关系（如果适用的话）（××××年2月到××××年秋天）的专业意见（具有一定合理医学可能性）。

如前所述，有关博伊尔女士情况各个方面的更多详细信息，请参阅以下记录和材料。

与本书中的大多数报告（包括刑事和民事报告）一样，在编写本报告时要对法律和临床记录进行分类、列出和总结，从而使评估人员能够重新阅读和学习记录、材料的内容，而且评估人员还可以制作与律师的审判笔记类似的文件。反过来，这又促进了法医评估人员与聘请方律师/法庭之间的有效且响应迅速的沟通，两者都是律师/专家及法院/专家互动中的要素或要点（见第1章）。

本鉴定报告所基于的信息来源如下：

1. 我所查阅的与本案有关的大量法律、医学、临床以及相关记录和材料，如下所述。鉴于这些记录和材料数量繁多且性质不同，我没有列出和描述每个记录和材料，而是在报告的这个部分大体上列出它们，并将其实质内容纳入本报告的"历史"部分。

　　大体上，我所审查的记录由法律材料〔例如，博伊尔女士
最初向就业专员委员会的投诉、本案有关的通信、各种证明和
就业专员委员会的"认定"（由地区总监艾尔弗雷德·托尔在
××××年 5 月作出，认定博伊尔女士受到性骚扰的指控存在"使
人相信的理由"）和其他此类记录和材料〕、临床和治疗记录、
说明和材料组成〔摘自理查德·杜鲁门（Richard Trueman）博士
的材料，包括杜鲁门博士关于此的宣誓书（杜鲁门博士从××××年
10 月至今一直是博伊尔女士的心理治疗师）；来自默尔·布朗博
士的材料，他对博伊尔女士进行过 1 次心理评估，其中包括评
估笔记、出具日期分别为××××年 11 月 14 日和××××年 1 月 11
日的两份报告以及布朗博士第一次评估的录像带；来自梅尔文·
罗瑟博士的材料，他在××××年 10 月 20 日曾受聘于美国劳工部
对博伊尔女士进行了残疾鉴定，社会保障局的记录用于确定博
伊尔女士的社会保障福利资格；来自洛雷娜·希基（Lorena
Hickey）博士的材料，她进行了与本鉴定报告相关的辅助性心
理评估和测试，强调了对博伊尔女士的分离性障碍方面的评估；
来自约翰·格里高里（John Gregory）博士（精神科医生，××××
年 6 月 12 日）的材料；来自与特里尼提卫生计划（Trinity Health
Plan）相关的其他医生和卫生服务提供者的材料；以及来自博
伊尔女士的健康维护组织（HMO）的材料（××××年），她曾前
往那里进行焦虑症的评估和治疗；来自证词笔录（博伊尔女士
本人的，博伊尔女士的母亲普鲁登斯·博伊尔的以及她的两个
妹妹琼·博伊尔和芭芭拉·博伊尔的证词，均于××××年 5 月制
作）；查伦·博伊尔女士本人的笔记和材料（包括她从××××年 9
月到××××年 12 月的"日记"；一份日期为××××年 6 月 9 日的家
庭心理疾病和死亡日记，以及一份日期为××××年 5 月 12 日的
"生活方式分析"，二者都是为大学课程准备的）；美国代表西蒙·

霍尔姆比办公室给博伊尔女士的信，内容涉及她对性骚扰的投诉；博伊尔女士就斯特朗先生的性骚扰，以及前夫对她的身体和性虐待的指控宣誓书；以及华莱士学院为博伊尔女士做的笔录；

2. 我分别于××××年9月14日和××××年10月9日在我的办公室对博伊尔女士进行了两次精神病学面谈/检查。这些面谈/检查部分包括了洛雷娜·希基博士所做的临床面谈/检查，她还进行了一系列心理测试和检查清单施测，这些测试和检查清单主要是关于博伊尔女士因其处境产生的分离现象（症状）的；

3. 对博伊尔女士施测了一系列标准化和非标准化的心理学、化学物质依赖性以及相关的测试和检查清单，随后进行评分和解释，作为我对博伊尔女士面谈/检查的一部分，如下所示：

a. 明尼苏达州多相人格量表，第二版，即 MMPI-2（布朗博士也曾施测）；

b. 米伦临床多轴清单，第三版，即 MCMI-Ⅲ；

c. 贝克抑郁量表，第二版，即 BDI-Ⅱ；

d. 成瘾评估问卷（非标准化）；

e. 药物滥用筛查测试，即 DAST；

f. 密歇根州酒精筛选测试，即 MAST；

g. 酒精使用障碍识别测试，即 AUDIT；

h. 简明精神状态检查表，即 MMSE；

i. 认知能力筛选检查表，即 CCSE；

j. 既往病史（非标准化）问卷；

4. 我在精神病学和神经精神病学方面，尤其是在接触虐待和创伤受害者的工作中的知识、背景、培训和经验。

> 与之前的案件（霍姆斯案）不同，本案原告查伦·博伊尔在本案发生之前存在严重功能失调，有受虐待且受到损害的背景和历史，这导致她在涉及劳动法领域的事件（涉嫌性骚扰）存在争议。报告中详细描述了其背景和病史，从而引出本次评估的核心法医精神卫生问题，即博伊尔目前的精神病状况及其与工作经历的关系（如果有的话），这在报告的后面部分进行具体讨论。该报告的"历史"部分需要写详细，以引出她在该案中所涉及的工作经历，并对博伊尔女士上班前后的活动和职能水平之间进行对比。

历史

查伦·伊丽莎白·博伊尔女士现年 49 岁（出生于××××年 1 月 3 日），离异，白人女性，与寡居的母亲普鲁登斯·博伊尔（Prudence Boyle）（73 岁）、女儿凯瑟琳·克拉克（Kathleen Clark）（24 岁）以及她的"生活伴侣"万达·艾略特（Wanda Elliot）女士（52 岁）一起住在她的私人住宅。博伊尔女士目前是华莱士学院语言病理学硕士课程的学生，她自从××××年以来一直学习该课程。

博伊尔女士在鲍维尔出生和成长，在她的童年初期，她的家人就搬到了布鲁克林。博伊尔女士的父亲是一名面包师，母亲是家庭主妇。

博伊尔女士是同胞三姐妹中最年长的，其中一个妹妹琼·博伊尔（Jean Boyle，现年 38 岁）与有虐待和暴力行为的丈夫离婚。琼有两个儿子和一个女儿，他们全都通过受虐妇女庇护项目接受了咨询服务。芭芭拉·博伊尔（Barbara Boyle，现年 29 岁，单身，博伊尔女士"感觉她被人虐待——她曾吸食毒品和卖淫"）目前处境很困难，并受到精神病的困扰。

博伊尔女士描述了一个非常不正常的、饱受虐待的、令人沮丧的童年和成长经历，突出表现为母亲对她和她妹妹进行身体虐待，父亲丹尼斯·博伊尔（Dennis Boyle）以及随后她母亲的两个男朋友对她和她妹妹进行性虐待。

博伊尔女士童年的重要事件还有：其父亲在博伊尔女士大约 9 岁时离家，并在与博伊尔女士及其家人失联超过 12 年之后自杀身亡。博伊尔女士声称，她的父亲从她 6 岁起就对她进行性骚扰和虐待，直到他离开家。父亲还对她的妹妹进行了虐待和骚扰。她说，由于母亲懦弱，母亲没有保护她和她妹妹，使她们免受父亲的虐待，而是博伊尔女士她本人（由于多年以来是大女儿）在家庭中扮演负责任的角色，帮助照顾她的两个妹妹。

博伊尔女士的两个妹妹在少年时期就离开了家，成为妓女并流落街头。博伊尔女士说，在父亲离开家庭后，她"精神崩溃"了，因此必须在奥兰治县医院中心住院，进行了两次为期 7 个月的精神病住院治疗。这些发生在她 12 岁和 13 岁时。之后，博伊尔女士被转到了塔山住院治疗中心，从 13 岁到 17 岁她一直在那里，是自愿患者。她描述自己是一名好学生，并且在该中心表现很好。她还说，她的母亲从那时开始过量饮酒，在丈夫（博伊尔女士的父亲）出走后开始出现酗酒问题。

博伊尔女士还说，此后，母亲开始将男友带回家。她说，其中两名男子对博伊尔女士和/或她的两个妹妹进行了性骚扰，其中一个是在博伊尔女士首次入院之前，另一个是在她转移到塔山住院治疗中心之后。博伊尔女士经常与母亲因这些男人发生冲突。她说，在塔山住院是有疗效的、有益的，对她来说也是一种解脱。

博伊尔女士在大约 14 岁时，遇到了肯·克拉克（Ken Clark）先生，后来她嫁给了克拉克。她 14 岁时因他怀了孕，当时她在塔山，她被建议回家进行人工流产。她做了流产手术，她形容流产手术创伤很大，让她感觉非常痛苦和孤独（她当时在分娩，独自待了三天才完成了流产手术，她觉得这段经历是毫无尊严和可怕的）。这种受虐待的情况对她两个妹妹的影响也是深远的。博伊尔女士还提到，其中一个妹妹也在 14 岁时怀孕。她的一个妹妹在 16 岁时与一个有虐待行为的男子结婚，另一个妹妹在 14 岁时离开家成为妓女。

博伊尔女士在塔山完成治疗后，转到一所临时住宅就读高中，并一直生活在有人帮助的居住环境中直到 18 岁。其间，她与克拉克先生结婚。据她说，从这段婚姻一开始，他就从性、感情、肢体和语言上虐待她。她举例说，前夫强奸了她，并跟她玩过"俄罗斯轮盘赌"（即用手枪）。博伊尔女士说她在这段时间是混乱的、饱受困扰的，这使得她更早成熟并承担责任，而这并不是她所要的。同时这也使她对有虐待行为的男人和虐待的情形有了深入的了解和经验。

博伊尔女士最终通过了通用教育发展考试，此后开始从事零售工作，从××××年到××××年，长达 6 年（包括她在斯特朗电池公司的工作）。

> 报告的这一部分着重指出了博伊尔女士偏离正常的、破坏性的童年和青少年的性行为问题。鉴定人正确地认识到，性意识及其决定因素在评估博伊尔女士在工作中遭受的性骚扰时至关重要。

博伊尔女士与克拉克先生结婚后，有一个孩子（凯瑟琳·克拉克，现年 24 岁），并开始了她在图片零售行业的工作。据她说，她与丈夫的关系非常不好且受虐待，并最终在××××年与丈夫分居，数年后两人离婚。从那时起，她就再也没有与男性进行过社交/性接触，但是在过去的 10 年中，她一直与自己的生活伴侣万达保持着稳固的关系。在过去的 8 年中，她一直以"恋人"的身份与万达一起生活（此时博伊尔女士的家庭包括她自己、万达、她的母亲和女儿）。

自从博伊尔女士与丈夫分居以来，她感觉自己的生活总体上稳定，个人和职业方面令人满意。正如本报告和现有的其他记录和材料中所描述的，直到据称遭到保罗·斯特朗先生性骚扰之前，一直是这种情况。

关于博伊尔女士报告中遭受斯特朗先生性骚扰问题，由于现有记录和材料对此进行了相当详细的描述，因此，我将在本报告中归纳该被指控的骚扰，在此不再赘述。

> 在介绍了博伊尔女士奇怪的个人、社会和性生活背景，包括她与有虐待行为的丈夫分开后的一段相对平静的时期之后，接下来，报告着重介绍了博伊尔女士对本案中她为前任雇主工作期间的工作经历的叙述。

博伊尔女士描述了她从××××年到××××年在斯特朗电池公司工作的情况，以及第一次实际的骚扰事件是如何在××××年 9 月发生的。那时，博伊尔女士获得了该公司的销售经理一职。至此，博伊尔女士描述非常喜欢自己的工作和工作环境，感觉自己像"一个家庭成员"，敬重斯特朗先生，并相信斯特朗先生的性格和举止"无懈可击"（她的原话）。据她说，斯特朗先生在××××年 8 月对博伊尔女士表明了意图，然后将她的身体置于难以摆脱的位置（"他把我推到墙上，身体向我施压，把手放在我的胸部，膝盖顶在我的腹股沟处"）。这让博伊尔女士不高兴，因为她感受到威胁和恐吓，并担心如果拒绝斯特朗先生的意图，会对她在公司的地位构成威胁。

那件事没有引起任何动静，博伊尔女士的感觉逐渐好起来。她说，到那年（××××年）的秋天来临时，她感到这种情况有希望过去。在此期间，据她说，在博伊尔女士和斯特朗先生从外面开完会开车回办公室的路上，他又一次对她进行性骚扰。据她说，在那次事件中，斯特朗先生"握住了我的手，把我的手按入他的裤裆中"。此后不久，据博伊尔女士说，他在办公室见面时按压了她的胸部，并威胁要报复她。博伊尔女士还陈述了其他几起类似的事件。她叙述了最后一次斯特朗先生如何"将我推到墙上，将我的手伸向他的阴茎——阴茎从他的裤子中露出来——暴露在外面"，后来他住手了。到这时，博伊尔女士决定她必须离开公司，并且还决定她需要精神科/心理帮助。（博伊尔女士的精神病治疗史已经描述过。除了住院治疗外，她还在与克拉克先生的虐待性婚姻存续期间在露西尔·沃德进行过心理治疗/咨询。）

> 鉴定人在报告的这个部分指出，到此时，博伊尔女士对所指称的斯特朗先生的性骚扰事件已到了无法再保持沉默、无所行动的状态。首先，她决定离开公司并寻求咨询。

博伊尔女士联系了一位名叫罗珊娜·萨尔瓦托（Roseanne Salvato）的强奸危机顾问，后者随后将她转介给特鲁曼博士，特鲁曼博士于××××年9月首次见到她，自那时以来一直定期对她进行治疗。也是在此期间，博伊尔女士向就业专员委员会提出了对斯特朗先生的投诉。（据她说，出于担心遭到报复的原因，此前她已撤回了最初的投诉。）

博伊尔女士说，从××××年5月到在斯特朗公司任职结束之前，她感到紧张和焦虑，因为担心她拒绝斯特朗先生的要求会遭到报复，并且这些事情也提醒了她，让她想起过往受到性虐待的惨痛经历、家庭关系失调等。

离开斯特朗公司后，博伊尔女士失业了一段时间，觉得自己由于在斯特朗公司的工作经历而被以某种方式排进了电池产品行业就业的黑名单中。她最终被认定为患有社会保障残疾（出于精神原因；有关详细信息，请参阅罗瑟博士的报告和她的社会保障记录）。

在××××年夏天，博伊尔女士开始在华莱士学院学习语言病理学的新课程。她在华莱士学院的成绩单表明她在这些课程中表现良好。她对这些课程充满热情，喜欢这些课程，并期待着以语言病理学作为事业。从这个意义上说，她目前对生活的态度是乐观和热情的，她觉得自己是一个幸存者（布朗博士在报告中也提到过），对生活的看法和预期都很好。

> 博伊尔女士的评估员米德博士，在此对博伊尔女士目前的积极生活状况和她在斯特朗公司工作期间的艰难处境作对比。

博伊尔女士有丰富的病史，也包括大量的精神病史。我不再重申本报告及以前其他可用记录和资料中提到的细节，但我注意到她有许多妇科问题，包括18岁时存在卵巢囊肿破裂，最终（××××年）取出了引起慢性疼痛的卵巢。她在20多岁时患有胆囊和消化性溃疡疾病，在30多岁时患有子宫内膜异位症和粘连以及出血。她在最后一次跟克拉克先生怀孕时自愿进行了人工流产，并进行了与该人工流产有关的绝育手术（双侧输卵管结扎术）。大约10年前，博伊尔女士摔倒导致脑震荡及右侧颅骨骨折，随后发生了右侧感音神经性听力丧失。她目前没有描述这种伤害的任何后遗症。最后，在××××年 5 月，博伊尔女士因肌瘤进行了部分子宫切除术，从而消除了痛经，她认为这对她有益。

如上所述，有关此事项的记录和材料是广泛而大量的。本报告的这一节概述了有关此事的可用信息，以及博伊尔女士在××××年 9 月 12 日和××××年 10 月 9 日进行面谈/检查的背景和历史。有关博伊尔女士的背景和历史，她在斯特朗公司工作时所指控的性骚扰事件的经过，以及此事的其他方面的详细信息，请参阅上述和其他地方的相关记录和材料。

> 接下来，米德博士以快速和非正式的自我评估量表描述了博伊尔女士在生活中各个重要时刻的自我评估。该技术概述了博伊尔女士目前的职能水平（本报告要解决的核心领域），并预测了米德博士在此问题上的法医学意见，如"总结和意见"部分所述。

就博伊尔女士的自我评价而言（0 分到 10 分，其中 0 分代表她感觉社会功能最差，而 10 分是最好），她总体上将她的童年评价为 2 分；在她十几岁的时候住院期间为 0 分；她与前夫的关系为 4 分；她的孩子的出生为 9 分；其后与丈夫的关系并与丈夫离婚为 3 分；从分居和离婚到刚在斯特朗公司开始工作的那段时间为 7 分；她在那家公司的最初几年为 8 分；她在斯特朗公司发生被性骚扰期间为 4 分；她的后续情况和学习期间为 9 分。

博伊尔女士以前曾接受过咨询、精神病治疗和心理治疗。据她说，她在过去三年中从未参与过这些活动。她目前没有因焦虑、抑郁或其他此类症状而服用任何精神药物。

> 尽管有工作前后的经历，但截至她进行法医心理健康评估时，从精神病学角度看，博伊尔女士表现良好。除了表现出对前雇主的愤怒和不满之外，她没有明显的精神病学症状或病理心理学症状。在报告的这一部分中对临床表现和行为举止的描述，强调了在该事件背景下博伊尔女士缺乏临床上重要的当前损害（精神症状），并且使得过渡到报告的"总结和意见"部分变得更加容易。

精神状态（精神病学）检查

我向博伊尔女士介绍了自己，确定她理解面谈/检查的目的和范围，并向她说明了评估有可能不保密。她告诉我这是她可以接受的。然后，我们进行了面谈/检查。

博伊尔女士是一位发育正常，营养良好，中等身高和中等体重的白人女性，她穿着海军服、白色上衣和鞋子，戴了几条金项链，谨慎而随意。博伊尔女士在面谈/检查中表现得很正式，表面上很愉快，并且很合作，不愿讨论自己的背景、历史和在斯特朗公司的经历，我认为，她缺乏自发性和主动性。在某些情况下，有必要向博伊尔女士询问某些特殊问题，尤其是那些与她在斯特朗公司被性骚扰有关的问题，但实际上，她确实回答了这些问题。在语言、语流和节奏方面，她的讲话没有明显异常。

在整个面谈/检查中，没有迹象她表明存在严重的情感障碍或症状（例如严重的抑郁、躁狂或自杀），也没有任何思想障碍或精神病过程或症状（例如幻觉、妄想、食欲下降等）的迹象。

在认知上，博伊尔女士在所有参数（时间，人，地点，这次面谈/检查的时间和原因，包括其可以接受的非机密性质）方面都保持警惕和定向。并且她对两种标准化认知筛查测试（简明精神状态检查表和认知能力筛选检查表）的反应无明显异常，不存在严重的器质性障碍或认知障碍。

> 如附录 C 所述，心理测验在评估中非常有用，既可以提供被评估者的心理病理学细节，也可以提供心理病理学和症状学的严重程度。博伊尔女士的测试结果和解释就是这种情况。

根据计算机生成的测试的"解释性报告"，博伊尔女士对几种标准化和非标准化的心理学、化学物质依赖性以及相关测试的回答为"有效答卷"，其中的"答卷严重程度"部分表明："根据测试数据，可以认定被试者没有精神障碍（或）……属于轻度精神障碍"，并说，"可能的诊断"（使用《精神疾病诊断和统计手册，第四版，文本修订版》的术语和格式进行描述，如下所述）是"伴有混合性焦虑和抑郁症症状的适应障碍"（轴Ⅰ）"依赖的人格特质""自恋型人格特征"和"边界人格特征"（轴Ⅱ）。

根据公开出版的标准，博伊尔女士在贝克抑郁量表第二版中的得分表明她在接受该测试之前的两周时间内，没有临床意义的抑郁症状。（在我看来，这是认可的测试项目的水平太低，不切实际。这一点将在下面进行详细讨论。）

与博伊尔女士报告和描述的过去或现在均没有化学物质依赖问题或治疗的历史一致，她对几种化学物质依赖性测试（成瘾评估问卷，密歇根州酒精筛选测试，药物滥用筛查测试和酒精使用障碍识别测试）的回答表明无论过去还是现在都没有任何此类问题。

> 博伊尔女士对"既往病史"清单的答复表明她先前（在据称于斯特朗公司被性骚扰期间）已经存在精神病病史。

最后，博伊尔女士对"既往病史"调查表的回答证实了她既往有丰富的病史包括精神病史。如上所述，她的病史包括许多妇科问题，包括18岁时存在破裂的卵巢囊肿，并最终切除了（在××××年）引起慢性疼痛的卵巢；20多岁时出现胆囊和消化性溃疡疾病；30多岁时有子宫内膜异位和粘连，以及出血问题；她跟前夫末次怀孕后自愿流产，并在流产后进行绝育手术（双侧输卵管结扎）；××××年左右跌倒后右侧颅骨骨折并发生脑震荡，后其右侧感音神经性听力丧失（她没有描述该损伤的任何后遗症）；××××年，由于肌瘤而进行了部分子宫切除术，从而消除了痛经。博伊尔女士有异常的家庭背景和历史：她父亲对她和她的妹妹的性虐待，以及他随后离家出走；她（作为家庭中最年长的孩子）对年幼妹妹的责任感；父亲离家出走后因精神病住院治疗，以及随后三年的精神病住院治疗；母亲的滥交和母亲男友的性骚扰；她的（后来的）丈夫给她造成的创伤及早年与她的（后来的）丈夫怀孕；她与丈夫艰难和虐待性的关系以及最终的分居和离婚；她后来的女同性恋关系（她描述为幸福稳定）；以及她随后指控的在斯特朗公司被性骚扰，均已在前文和本案可供审核的其他记录和材料中进行了描述。请读者参阅这些记录和材料以及本报告的前文，以获取这些记录和本报告中包含的更多详细信息。

临床诊断印象

与美国精神病学协会《精神障碍诊断和统计手册，第四版，文本修订版》（2000年）或《精神疾病诊断和统计手册，第四版，文本修订版》的当前诊断术语和格式保持一致，博伊尔女士的临床诊断印象可以呈现如下：

> 根据我们的经验，《精神疾病诊断和统计手册》的各种迭代（当前为第四版，文本修订版）为临床和法医心理健康数据记录提供了广泛使用的方案。我们强烈建议在法医报告中使用它。

轴Ⅰ（临床障碍）：

1. 适应障碍，伴有混合性焦虑和抑郁症状，慢性。
2. 创伤后应激障碍是慢性的，由多种原因引起。

轴Ⅱ（人格障碍）：

没有诊断。

轴Ⅲ（一般临床状况）：

博伊尔女士的丰富病史和治疗史已作描述，请读者参阅本报告前文的相关部分，以及本案其他可供参考的记录和材料，以获取有关该历史的更多详细信息。目前，博伊尔女士的健康状况良好，没有急性、慢性或持续性的医学问题或需要积极干预或治疗的状况。

轴Ⅳ（社会心理和环境压力源）：

作为临床实践问题，我认为，博伊尔女士目前主要的"心理社会和环境问题"包括她的"教育问题"（她的新计划）"职业问题"（她目前的诉讼）以及她的"经济问题"（她目前的学生身份，因此而处于的失业状态，并因此导致的收入损失）。但是，在这方面，博伊尔女士对她目前在语言病理学方面的课程以及目前幸福和稳定的生活感到非常满意。

轴Ⅴ（总体功能评估）：

总体功能评估量表得分为 70 分~80 分，说明："如果出现症状，则症状是对社会心理压力源的短暂和可预期的反应……仅在社会、职业或学校生活中受到轻微损害……有一些轻微症状……但总体上社会功能良好，并拥有有意义的人际关系。"我认为，符合她的情况。

> 在此报告的最后一节（"总结与意见"）之前进行的各项分析都在这里有了结果，回答了核心的法医评估问题："从法医的角度看，博伊尔女士现在情况如何？如果有问题的话，这与她在工作中的经历有什么关系？"报告的最后一个最重要的部分必须是清晰、简短、直接和有力的，就像本书中介绍的所有报告一样。

总结与意见

查伦·博伊尔女士，白人，现年 49 岁（出生日期：××××年 1 月 3 日），离异，现与寡居的母亲普鲁登斯·博伊尔（现年73 岁）、女儿凯瑟琳·克拉克（现年 24 岁）和她的"生活伴侣"万达·艾略特女士一起生活在她的私人住宅。博伊尔女士目前是华莱士大学语言病理学硕士课程的学生，她自××××年秋天起参加该课程。

博伊尔女士自述曾经历过艰难、紊乱和不幸的童年。她是同胞三姐妹中最年长的，三姐妹在生活中都遇到了个人的、心理的和不正常的困难，其中一个妹妹目前正遭受一个"长期酗酒的男人"（博伊尔女士的话）的虐待。

如前文及本案其他查阅的记录和材料中所述，博伊尔女士童年、青春期和成年期的失常包括：长期在精神病院住院治疗；父亲在她大约 9 岁时就离家出走，并且在失联多年后自杀。博伊尔女士称由于母亲没有能力，自己被迫承担起抚养妹妹的责任（如前所述，博伊尔女士是家中最年长的孩子）；后来由于与前夫早婚而使问题更加复杂。在孩子出生后夫妻关系也是虐待性的、困难和失常的，博伊尔女士后来与丈夫分居并离婚。之后她的生活更为平静、稳定，直到她指控在××××年到××××年在斯特朗电池公司担任销售经理期间被保罗·斯特朗先性骚扰。

> 到报告的这一部分，笔者总结并强调了博伊尔女士在斯特朗公司工作前不正常的背景和历史情况。

博伊尔女士说，她曾把这家公司看作一家家庭式公司，最初让她感到很舒服。在这家公司工作的最后几年，斯特朗先生在××××年六月向她求欢，她说有一次他使她的身体处于难以摆脱他的位置（"他将我推到墙上，身体向我施压，把手放在我的乳房上，膝盖在我腹股沟处"）。据博伊尔女士说，这一事件和其他类似事件是导致她寻求强奸危机咨询、随后被转介给她目前的心理治疗师的原因，也是导致她离开斯特朗公司并向她的前雇主提起上述诉讼的原因。

在这样的背景下，贵所鉴于上述情况和原因委托了本次对博伊尔女士的精神病学/神经精神病学/成瘾医学评估。我再次强调，作为一项基于临床的评估和报告，旨在解决有关博伊尔女士的精神病和心理问题（如果适用的话）。博伊尔女士控称斯特朗先生在她在公司工作后期对她进行性骚扰，这些问题与由此对她目前造成的影响有关。本评估和报告并非旨在解决这种骚扰是否实际上发生过的问题。这种评估本质上是法律/行政的，不在本精神病学/神经精神病学评估和报告的范围之内。

> 米德博士在报告将结束时重申了报告目前的临床（损伤）定位和评估重点。

161

鉴定报告所依据的材料来源：博伊尔女士直到本案中控称在工作场所受到性骚扰之前的背景和经历；我对博伊尔女士的临床观察所见；我的临床诊断印象。这些都在上文和本案其他可供查阅的记录和材料中记录，将不在本报告的此部分中重复。

> 米德博士再次提及博伊尔女士目前的高自我评价，与评估当前的临床（伤害）的重点保持一致。

关于我对博伊尔女士的精神病学/神经精神病学/成瘾医学印象，我注意到，从她的整体功能水平、生活满意度、生活生产力以及与他人的关系等方面，她目前对自己的评价为10分中的9分。博伊尔女士认为目前自己生活状况良好，比她迄今为止的大部分时间都更好，从这个意义上讲，她认为自己已经开始了新的专业学习和"继续我的生活"（她的话）。

> 笔者再次强调，本鉴定报告并不涉及本案中的责任问题（即从行政和法律上讲，博伊尔女士实际是否被性骚扰）。

不管本案中博伊尔女士是否实际上在工作场所遭到斯特朗先生的性骚扰，她目前的生活都非常好——比以前的大部分时间都要好——从这个意义上讲，根据我的精神病学/神经精神病学观点，她目前没有遭受所指称的在工作期间遭受工作场所性骚扰的后果。我的意见具有一定合理医学可能性。

> 接下来，米德博士根据博伊尔女士的背景和历史讨论了她可能存在的偏见。他认为她有将行为视为骚扰的倾向，从而影响了她将此类行为视作骚扰的感知判断。

此外，考虑到博伊尔女士不正常的和受虐待的背景和历史，以及她的经历和经验使她"倾向于"（我的原话）将工作场所的行为视为性骚扰的程度，博伊尔女士很容易受到这种影响，因此，从精神病学/神经精神病学角度看，她对感受到的性骚扰所作出的反应可能超出了没有她那样生活经历的人。从这个意义上讲，无论在斯特朗电池公司的工作场所中实际是否发生了对博伊尔女士的性骚扰（属于事实和法律/行政问题），她对自己所感受到的工作场所性骚扰的反应还是有可能超过没有经历她那样的创伤和失常的人。鉴于此，从实际的临床角度来看，不可能找出博伊尔女士目前精神症状的哪一部分（尽管是有限的）可归因于她在斯特朗电池公司的工作场所感受到的性骚扰。

> 米德博士接下来再次强调了博伊尔女士目前的高水平社会功能，由于她没有参与心理健康治疗，因此他又概括出她作为幸存者的特征。

最后，就博伊尔女士可能存在的精神病学/神经精神病学症状而言，截至撰写本报告时，博伊尔女士没有参与心理治疗/咨询或精神病治疗，尽管目前她存在上文中诉讼引起的压力、联想和提醒。在这方面，应着重指出的是，博伊尔女士的幸存者身份（见上文）以及她克服困难应付压力的能力，以及她自己对当前社会功能水平的估计（10 分制得 9 分）。

> 最后，米德博士按惯例撰写了免责声明，将其法医报告与纯临床报告区分开来。

我根据有关独立医学检查的限制性规定，参照原始情况产生的具体问题对被鉴定人进行了检查，因此，可以理解为没有给予或建议治疗，也不存在医生/患者关系。

我保证，本报告中包含的信息由署名人准备，由署名人撰写。我保证，这是真实的，除署名人外，未经其他任何人修改。

如果您对本鉴定报告有疑问，或者如果您在此问题上需要我提供其他服务，请告知我。

非常感谢你。

真诚的

史蒂文·L. 米德，医学博士，理学硕士

美国精神病学和神经病学委员会（P）委员

美国成瘾医学学会认证会员

案例分析与结果

尽管任何法医精神卫生专业人员的咨询/评估都是基于临床方法和临床资料的，但是在本案这样的就业法案件中，这一点尤为重要。临床精神卫生咨询/评估的目的不是解决就业法或行政问题，例如不当解雇、恶劣的工作环境或性骚扰，而是评估过去一段时间内个人对工作经历的情感反应等（如果适用的话）对他或她当前临床状况的影响程度。根据我们的经验，律师常常会尝试就是否确实发生过性骚扰等问题征求精神卫生专家的意见。这种评估不在临床评估的范围之内，而是一个事实问题，应由律师为有关各方解决和确定。另一方面，个人对工作经历的情感和相关反应是危险的问题，却完全在临床评估的范围之内。

指出这一点后，博伊尔女士的背景和经历中的临床方面与她长期失常的生活及生活方式、家庭以及她其他方面的经历就存在关联。尽管她有一段艰难的经历，尽管在案发期间她是否确实受到过工作场所的性骚扰仍有疑问，但她的临床表现（就她的心理健康和总体功能水平而言）在由精神卫生专家对她进行评估时还是很不错的。在这方面，精神卫生专家提出了这样的意见，即不论本案中博伊尔女士的工作场所经历对她可能产生了多大程度的不良影响，从临床上不可能弄清楚她目前的临床状况在多大程度上可归因于她工作经历的影响，或者可归因于先前和之后的压力和困难经历。截至面谈/检查之时，博伊尔女士在临床上表现良好，并且从各方面来看，损害（在技术法律意义上）是极小的。

本案鉴定人精神病医生米德博士得出的结论是，博伊尔女士是一名幸存者（他的用词），由博伊尔女士的工作场所经历引起，或由她在米德博士对她进行面谈/检查之前的任何其他经历引起的精神方面的影响可以忽略不计，并且不能在彼此之间进行有意义的区分。

评估人员在这类案件中处理损害问题（而不是责任），这样的分析是民事案件中法医精神卫生专家角色所特有的。本节将在更多示例中讨论这样的角色。

本鉴定强调了精神卫生专业人员对自己的专家意见负责，而不是维护任何一方：米德博士的意见不能很好地满足博伊尔女士的需要，但他尽他所能提供了意见。聘请方律师选择使用米德博士的报告，但该报告未像描述并强调损害赔偿的报告那样帮助他的案件。

尽管在本报告中没有明确指出，但在评估中至关重要的律师/专家和法院/专家关系中的一个要点（第 1 章）与电话和通讯有关。本案中，聘请方律师与米德博士交流时不够迅速或效率低下。这使专家常常不得不对律师进行反复猜测。作为一名经验丰富的专家，米德博士能够通过预测律师的需求和时间表（尤其是最后期限）并满足这些要求来做到这一点，从而避免了危机。案件得到圆满解决后，律师感谢米德博士的专心致志。

米德博士和聘请方律师之间的后续案件进行得更加顺利。

最终，该案以原告律师所称的"少得可怜的钱"和辩护律师所称的"贵得离谱的和解金"解决了。该案没有进入审判。

赖利诉布劳尔医院、斯坦利·科赫（医学博士）等（Reilly v. Brower Hospital, Stanley Koch, MD, et al.）

案例概述：专业责任（医疗事故）

此案涉及死者波特·赖利（Porter Reilly）的家人针对一家医疗机构即布劳尔医院和一名医生斯坦利·科赫（Stanley Koch）的医疗不当行为提起的医疗诉讼，控称由于其不当行为，死者在仍有自杀倾向情况下出院。他回家后用武士刀自杀。辩护律师戴维·图克伍德（David Turkwood）先生聘请了一名精神病医生杰弗里·R.卡梅伦（Jeffrey R. Cameron，医学博士）以确定是否存在偏离公认的医疗标准的情形。卡梅伦博士的报告如下。

报告

> 与其他法医精神卫生评估不同，那些涉及专业责任（渎职）问题的评估需要同时解决控称的（被告的）责任和（对原告的）损害赔偿。这必然涉及对法律和医学上广泛而大量的记录和材料的审查，如果未完全概括，则至少应将其分类并列在法医报告中。这些要点应在报告开始时进行介绍和讨论，因为以这种方式撰写报告可能会（在本报告中会）与第1章中所述的法医报告的惯用格式有所不同。

在就上述问题进行了电话讨论和信函往来之后，并根据以

下提供的信息来源，我将为您撰写本人在此问题上的精神病学
评估报告，该报告涉及医学博士斯坦利·科赫于 3 月 17 日至 3
月 23 日在布劳尔医院对在该院住院的波特·赖利进行精神科治
疗后，赖利先生自杀死亡的情况是否偏离了公认的医疗标准的
问题。当天赖利先生从布劳尔医院出院，"他回家并用武士刀自
杀了"［部分摘自医学博士理查德·海斯（Richard Hayes）给原
告的律师特伦斯·R. 普拉塞尔（Terrence R. Placer）先生的精
神病学评估报告，日期：××××年 10 月 19 日］。

> 　　在此评估中（原告的亲属提起了诉讼，声称导致自杀或
> "非正常死亡"的是渎职行为），没有可以直接面谈/检查的
> 对象（在本案中，也没有人可以进行旁证面谈，死者赖利生
> 前是一个独来独往的人）。因此，此报告在格式上将不包括基
> 于临床的通常报告格式的几个部分，即"病史""精神状态
> （精神病）检查"和"临床诊断印象"。相反，本鉴定的核心
> 工作和分析包括对记录材料的审查和基于记录材料审查的"总
> 结与意见"陈述。报告的引言部分"本评估的性质和范围"
> 清楚地表明了本报告与法医精神卫生报告通常格式的不同。

　　本评估报告是基于对记录材料的审查（如下所述），而不是
基于面对面的面谈/检查；其中表达的观点具有一定合理医学可
能性。

　　由于实际上我在很大程度上不反对其他医生在本案中其他
评估和报告中所提出的观点（如下所述），并且由于我所查阅的
本案相关记录和材料提供了赖利先生在克里夫纪念医院（××××
年 3 月 13 日至 17 日）进行门诊治疗和急诊住院治疗，以及后
续在布劳尔医院接受治疗（从××××年 3 月 17 日开始）的大量
精神病和化学物质依赖病史的详细信息，我在报告中将不再重

复这些记录和材料中包含的详细信息。

相反，在本报告中，最初列出并讨论了与该鉴定报告相关的记录和材料之后，我将介绍和讨论赖利先生病史中导致其需要治疗和随后自杀的重要因素，并讨论赖利先生的精神治疗问题，这与布劳尔医院的医务人员（包括科赫博士）所作出的决定有关。最后我将就"在本案中，科赫医生是否符合适当的医疗标准"（摘录自您的第一封信）问题提出我具有一定合理医学可能性的精神病学意见。

接下来，笔者按照此类报告的通常做法，讨论了本鉴定所审查的法律和医学/临床记录和材料。笔者从这些记录中作了详细摘录，因为这些记录是此评估的主要材料来源。

有关本鉴定报告所审查的记录和材料中包含的更多详细信息，请读者自行参阅。

本鉴定报告所依据的信息来源如下：

1. 我所审阅的与上述问题有关的法律记录和材料的副本如下：

a. "原告询问笔录"，包括表格 A 和表格 A（1）。针对当前目的，表 A（1）的第 7 个答案表达的是"但是，总而言之，应当指出被告未能适当评估和治疗死者的自杀情形，包括他的自杀风险仍然很高却让他出院，因而偏离了公认的医疗标准"；

b. 医学博士斯坦利·科赫的"口头询问证词"的笔录，日期为××××年 6 月××日。在我查阅的材料中，这份笔录探讨了有关赖利先生在布劳尔医院住院期间科赫博士对他的治疗相关的各种问题。在我看来，科赫博士和布劳尔医院的医疗团队在那段时间对赖利先生治疗的重要观点与赖利先生的自杀意向计划有关，因此，我在下面摘录了科赫博士在赖利先生从布劳尔医院出院时了解到的情况：

问：好的。请描述一下试图自杀的赖利先生和您让其出院时的赖利先生之间的区别。

答：好吧，我没有检查赖利先生——我不确定我是否理解这个问题。在赖利先生试图自杀之前，在他处于那种心境的时候，我没有检查过赖利先生，所以我无法比较，没有参考点。但是在医院住院并出院的赖利先生似乎觉得他的自杀企图是错误的，他这样说过。而且他似乎知道对于自己的病，药物需要一段时间才会起效，而且他很乐于配合，并且愿意让这种药物起作用而不会再次自杀，他认为自杀是错误的。

2. 我所查阅的赖利先生在××××年自杀身亡前的三组医疗记录副本如下：

a. 赖利先生的初级保健提供者布莱克医疗集团的治疗记录，其中有从××××年 6 月到××××年 3 月的各种进展记录。这些材料中包括关于赖利先生的医疗状况、精神病状况的说明，以及××××年 2 月 2 日他与皮埃尔·沃特斯（Pierre Waters）博士（精神病医生）的讨论，该博士"同意用 20 毫克来士普"来治疗；

b. 在××××年 3 月 17 日转院到布劳尔医院之前的一组有关赖利先生于××××年 3 月 17 日在克里夫纪念医院因精神科住院治疗的医院记录和材料。记录和材料包括进度记录、实验室检查报告、护理记录以及其他此类记录和材料，而我查阅的材料，似乎是该次住院的完整医疗记录（医院病历、记录）。赖利先生因安比恩和酒精过量前往克里夫纪念医院急诊，据病历记载，他无反应且昏迷，接受了维持生命的治疗并苏醒后，转院到布劳尔医院进行精神治疗。赖利先生在克里夫纪念医院的诊断是"苯二氮卓过量……急性呼吸衰竭……酒精中毒……自杀未

169

遂……滥用酒精……抑郁症……痛风……胃食管反流……胃食管溃疡";

　　c. 赖利先生的另一份医疗记录，是关于××××年3月17日至23日他在布劳尔医院住院进行精神治疗的（如上所述，从克里夫纪念医院转院过来）。与克里夫纪念医院记录一样，我查阅的这些材料也是赖利先生在布劳尔医院住院期间的医疗记录。在科赫医生为赖利先生撰写的"出院摘要"中的"现病史"部分，科赫博士写道："患者称过去几个月来他越来越沮丧。他瘦了约40磅。他难以入睡，难以集中注意力，感到失败、无望和无助。他服用了过量的安眠药和一些酒精，有时会被妻子意外发现。他的口袋里还有一支子弹上膛的枪，他想如果过量服药不成功的话，醒来会用得到。他留下了一张纸条。该患者被送往克利夫纪念医院并在那里接受了治疗，然后才转移到这里。他说，在过去的10天里，他一直在家庭医生那里接受药物（来士普）治疗，并且曾拜访门诊精神病医生沃特斯博士1次，后者让他继续使用来士普治疗。"这份医疗记录的"护理评估"部分证实了上述内容，其中的"总结陈述"指出："压力源包括家庭和工作。病人失去生意了，一直躺在沙发上。在最近的4到5个月内，患者变得越来越沮丧。他觉得自己像个失败者，体重轻了40磅。患者妻子非常支持。"

　　意识到赖利先生在住院期间的自杀想法非常重要，从××××年3月9日开始的护理进展记录讨论了"自我指向的暴力行为的可能性"。那一天的记录记载："患者的表情更为明亮和自然。心情显得沮丧。患者与病友有交往。患者说：'我感觉自己做过的事和想对自己做的事情非常愚蠢。'患者否认有自杀念头。能很好地参加团体活动。在病区公共场所经常出现……"

　　第二天（××××年3月10日）另一份标题为"自我指向的

暴力行为的可能性"的护理说明记载赖利先生"冷静，愉快，社会化，否认自杀意念。感到后悔……患者目前没有主诉"。同一天的另一份"自我指向的暴力行为的可能性"记载："患者表现出愉悦的、生机勃勃的情绪，表情平静但愉快、有点开朗。患者在病区表现得乐于合作、愉悦。患者会见了女儿（在大学上学）。她开车去探视他。患者对于在 ACIS 感到尴尬和羞愧。但是，患者承认女儿和妻子给予了很大支持。患者意识到，他需要'在医生的帮助下'找到其他应对生活压力的方法。患者承认他是'酒鬼'。患者报告他会把食物与饮酒联系起来，自从住院以来食欲有所改变。患者报告住院后感觉好多了……讨论了如何确定健康的应对机制并继续遵从医嘱服药，提供了有关酗酒及其影响的教育性思考，提供了有用的联系方式。"

下一条关于"自我指向的暴力的可能性"的记录将赖利先生描述为"愉悦、平静、安静和配合……表情鲜活……对他生意感到担忧……更加关心……对回家感到很高兴。"这条记录的日期为××××年 3 月 18 日。下一条关于"自我指向的暴力的可能性"的记录日期为××××年 3 月 19 日，记载："患者对治疗表示满意，并表示要继续治疗……××××年 3 月 19 日上午 11：50 患者与妻子交谈。患者的妻子说，3 月 14 日，患者的一位朋友从家里把所有狩猎枪支都带走了，用不了了。"当天的后续"自我指向的暴力行为的可能性"记载："患者表现出较鲜活的情绪和较平淡的表情。患者参加所有的小组活动。在病区公共场所经常出现。患者报告其已经为即将出院做好准备。否认自杀想法……耐心、平静、愉快和配合。"那天的第三条"自我指向的暴力行为的可能性"记载，赖利先生"在病区公共场所经常出现，有一定社交活动。参与团体活动和户外散步。否认目前有自杀念头，并认为他已准备好明天出院"。

出院当天（××××年3月23日）的"医生出院记录"记载："患者表现镇静、自觉，定向力完整，对治疗感到满意。患者否认会伤害自己……并同意按出院计划执行。有意愿进行后续看护。"

回到科赫博士对赖利先生的"出院总结"，该总结的有几个部分都描述并讨论了赖利先生的精神状态、抑郁和自杀倾向。"精神状态检查"部分指出："入院时，他是一个警觉且定向力完整的白人男子，年貌基本相符。他主诉睡眠严重困难，入睡困难、睡眠轻、早醒。没有幻觉或妄想。轻微思维奔逸。记忆力和注意力不佳。有绝望感和无助感。入院时否认有特别强烈的自杀念头。"在出院总结的"住院经过"部分记载："在患者住院期间，他继续服用来士普20毫克。已向他解释了抑郁症是一种疾病的医学概念。并向他解释了这种疾病引起的自己对这个世界的负面看法以及躯体症状，以及他已经开始服用的药物是治疗他这种疾病的好方法，但要花一些时间才能真正缓解他的病，并让他对此保持耐心。在医院期间，患者病情稳定并配合治疗。他否认有自杀念头。他说，他觉得自己做过的事很愚蠢。实际上，他为伤害自己的行为感到相当羞愧。患者进行自我反省，觉得自己因为过往的一些经历，以前对家人和妻子比较疏远，他觉得自己与妻子和家人的关系应该更亲密，想继续这段关系。患者是一个户外活动者，（经常）打猎和钓鱼。显然他在家中有一些用于狩猎的枪支。我联系了他的妻子，患者和他的妻子有一个共同的朋友，这个朋友过来把枪支从家中带走了。显然当地警察把原来放在他口袋里的枪支拿走了。患者在住院期间的情绪仍然低落，但没有自杀念头。他似乎了解药物起作用的方式是逐渐的。他似乎能够从周围的其他人，包括他的家人、病友以及工作中的同事和朋友的支持中受益，患者对于自己饮酒史的态度更加开放。在住院期间，他参加了一些针对酗酒的会议，开始把自己看作是有饮酒问题的人，并开始为这类团体提供的支持感到自在。患者出院时用药为来士普，并将接受门诊患精神病的化学物质滥用者计划的随访。"

当时，科赫博士为赖利先生所作的"出院诊断"是："轴Ⅰ《精神疾病诊断和统计手册，第四版，文本修订版》中的，下文将对此进行详细描述）：重度抑郁症。轴Ⅱ：无。轴Ⅲ：痛风，憩室炎手术后的胃食管反流疾病，丙型肝炎。轴Ⅳ：四个。轴Ⅴ：总体功能评估：20/10。"手写出院诊断清单还包括"状态信息过量"；

3. 我对本案提交给原告律师的精神病学评估报告副本的审查如下：

a. 被聘请为原告司法鉴定专家的医学博士查尔斯·B. 韦斯特（Charles B. West）的一份日期为××××年的报告，已发送给原告的律师。韦斯特博士对本案的意见是："这些对良好和适当的医学和精神病学治疗标准的偏离是波特·赖利先生于 3 月 23 日从布劳尔医院出院，并于同一天自杀身亡的原因。"韦斯特医生从××××年 3 月 17 日至 3 月 23 日由布劳尔医院提供的治疗和护理实践中确认了存在不符合可接受的医学和精神病学实践标准的"四个具体偏差"：

（1）布劳尔医院的工作人员和医生没有意识到波特·赖利在 3 月 23 日出院时有很高的自杀风险。

（2）波特·赖利先生出院时，他所患的基本的精神疾病、严重抑郁症未得到适当治疗。（布劳尔医院的工作人员和医生）未能认识到严重的自杀风险，并且未能通过将他留在医院直到他的抑郁症得到充分治疗以确保他的安全。

（3）布劳尔医院的工作人员和医生没有对赖利先生患有的

丙型肝炎进行全面的医学检查，也没有考虑这可能会对他的抑郁症产生影响，也没有考虑会与治疗他精神障碍的药物产生相互作用。

（4）布劳尔医院的工作人员和医生没有及时进行连续的自杀风险评估，也没有认识到波特·赖利先生的自杀风险很高，并未因此将他留在医院，直到病情得到充分控制以确保他的健康和安全。

这份报告后附有几页赖利先生的收据和支出清单。有关的更多详细信息，请读者参阅材料和报告。

b. 韦斯特博士给原告律师的补充报告，日期为××××年10月，该报告基于韦斯特博士对科赫博士证词（上文）的审阅。在列出了科赫博士对赖利先生的治疗中可能被描述为偏差和不足的几个方面之后，韦斯特博士提出了"意见"，即"在精神科治疗方面，科赫博士于××××年3月17日至3月23日在布劳尔医院对波特·赖利先生进行的精神病治疗明显不符合良好的和可接受的精神治疗规范"。接下来，韦斯特医生列出并讨论了这些不符合的领域，在我查阅的材料中，主要集中在危险因素和统计/流行病学因素。例如，韦斯特博士写道："住院期间，科赫与赖利夫人没有任何联系。赖利夫人从未参与过有关赖利先生拥有的武器类型的任何讨论。拥有枪支的人自杀的风险增加40%。在这种情况下，尽管枪支问题解决了，但根据与赖利太太的简单讨论即可知晓还存在一把武士刀，而最终这把刀像枪支一样致命。此外，赖利夫人没有被告知她丈夫的病情，也没有被给予任何指导，尤其是在头48小时内要关注什么，这正是一个自杀风险更高的时期。"韦斯特博士还写道："科赫医生认为赖利先生没有'特别强烈的自杀念头'。面对明显相反的临床证据，这突显了科赫博士未进行适当的自杀风险评估。科赫博士的意见认为，赖利先生出院时在心理上有好转。但是现有记录表明并非如此。"结束补充报告时韦斯特医生写道："在对记录进行审查时，我认为在合理的医学确定性下，科赫医生没有像受过训练的精神科医生那样严格地按照医疗标准进行谨慎的医疗。我认为这是一种疏忽的偏差，他没有像其他精神科医生那样在类似的临床情况下采用类似的医疗标准。我认为，这些对良好和适当的医学和精神病治疗标准的偏离是波特·赖利先生在××××年 3 月 23 日从布劳尔医院出院那天不幸自杀身亡的直接原因。"

　　c. 另一份精神病学报告由理查德·海斯医生向原告律师提交，涉及以下问题："布劳尔医院向波特·赖利先生提供的医疗护理是否低于可接受的医疗护理标准，以及布劳尔医院提供的医疗服务与赖利先生于××××年 3 月 23 日自杀身亡之间是否存在因果关系？"（摘自该报告介绍部分）该报告的日期为×××× 年 11 月 11 日。报告开头即列出了韦斯特博士在评估中查看过的记录和材料，并给出了"相关记录摘要"（包括赖利先生在克里夫纪念医院和布劳尔医院的住院病历），然后海斯博士给出了"医学临床诊断、推理和意见"。海斯博士和韦斯特博士一样，重点回顾了赖利先生自杀的危险因素，他认为："他（赖利先生）两大后被送入布劳尔医院，并且六天后即让他出院，他于××××年 3 月 23 日自杀身亡。他服用来士普的时间不足以确定药物是否有效以及疗效如何。使用来士普通常需要 8 周到 12 周的治疗时间，并且要有足够的剂量才能产生疗效，这意味着症状会减轻 50%。在出院时，赖利先生显然还没有达到这种治疗成功的水平。"海斯医生也提出意见："布劳尔医院的工作人员和医生没有适当地评估、鉴别或治疗赖利先生的自杀危险因素，其中包括：

（1）重度抑郁症的诊断即意味着伴有自杀的巨大危险，尤其是在没有得到充分治疗的情况下。如前所述，赖利先生未得到精神药物来士普的充分治疗。

（2）赖利先生属于自杀风险高的患者类别。已知男性比女性自杀成功率更高，而且自杀倾向随着年龄的增长和近期有丧失史而增加。赖利先生感到自己失去了生意、财务生计以及与此相关的一切。

（3）赖利先生还进行了认真的、有计划的、有预谋的自杀尝试，这在本质上并不是一时的冲动。他写了一张便条，计划服用过量的药，后来被他的妻子意外发现。他有一个后备计划，因为他有一支子弹上了膛的枪，如果过量服药自杀不成功，他计划使用这支枪。枪支无疑是自杀的致命工具。

（4）医院从未明确澄清酒精在患者生活中的作用，尽管人们强烈怀疑酒精问题对赖利先生来说比他自己承认的更严重。酒精问题增加了自杀的危险。

（5）尤为重要的是，赖利先生以前曾对沃特斯博士隐瞒过自杀意向，他否认了主动或被动的自杀念头或意图。见沃特斯博士三天后，他进行了一次非常认真且有计划的自杀尝试。鉴于欺骗沃特斯博士的历史，布劳尔医院、其工作人员和医师，本来应该高度怀疑赖利先生也会向他们伪装良好的心理健康状态，否认自杀意图，而出院后又会再次进行自杀。这正是他所做的。因此，医院及其工作人员和医生没有利用这种已知的过去历史来防止这种致命事件的发生。相反，在确定他的抗抑郁药是否有效或疗效如何之前，赖利先生就已过早出院。"

海斯博士在总结报告时提出了"具有合理医学确定性的医学意见，即布劳尔医院、其员工和医师在治疗赖利先生时未按照社区临床精神病学工作的标准进行诊断和治疗。我具有合理医学确定性的医学意见是，布劳尔医院、其医师和工作人员提供的临床治疗与赖利先生随后的自杀身亡之间存在直接的因果关系"；

d. 致原告律师普拉塞尔（Placer）的另一份报告的副本，该报告由医学博士米歇尔·瑞安（Michael Ryan）撰写，日期为××××年 3 月 8 日；该报告附有瑞安博士简历的副本。

报告开头表明他"被要求审查波特·赖利先生的病历，以明确科赫博士是否存在疏忽大意，以及偏离护理标准是否直接导致赖利先生自杀死亡"。瑞安博士列出了已审查的记录和文件，提供了自己的个人简历和费用表，并提供了"案件摘要"。接下来，他审查了克里夫纪念医院和布劳尔医院的病历资料，重点关注了他特别关注的点，并提出他的意见。瑞安博士指出了几个"主要关注点：过失"，包括"酗酒，手枪子弹上膛，在家中致命的自我伤害方法，以及科赫博士提供的精神科诊疗"。瑞安博士指出了一些医学和精神病学要点，例如，赖利先生的丙型肝炎和体重减轻 40 磅导致他最初的过量服药和住院，科赫博士没有与沃特斯医生交谈（经赖利先生的初级保健医生斯通博士转介，沃特斯博士首先治疗赖利先生的抑郁症）。科赫博士还没有读过赖利先生与自杀有关的字条和其他材料。瑞安医生在他的意见中写出了总共八项"科赫医生不符合诊疗标准"的清单，在报告随后几页中给出了"我观点的临床和科学依据"，引用了一些专业文献。他还在报告的稍后部分指出："我对科赫博士提供的有过失的评估、治疗和管理表示严重关切，详述如下。"他从几个方面进行了描述，包括"心理社会和环境问题""总体功能评估""风险评估""出院计划"和"相关的抑郁症状"。他列出了 10 点不符合评估、治疗、管理和出院计划的诊疗标准的清单，这些不符合项涉及以上一个或多个方面。

瑞安博士在报告和意见中总结如下："尽管他在证词中表示他知道与赖利先生自杀风险增加有关的大多数危险因素，但科赫博士未能将其纳入他对赖利先生自杀风险的评估，也未纳入对与赖利先生的初级保健医生（斯通医生）、赖利先生的妻子和家人协调出院和出院计划的重要性的评估中。科赫博士未能正确评估自杀的可能性导致无法预见自杀的潜在风险，又导致未能制定和实施门诊阶段适当的保障措施。这些失败是赖利先生在××××年3月23日从布劳尔医院出院后两个小时内自杀死亡的直接原因。根据提供给我的材料，我认为科赫博士在对赖利先生诊治时存在疏忽大意。科赫博士未充分了解病史并无法预见赖利先生的自杀风险，这是对可接受的诊疗标准的偏离。我的进一步的意见是，如果科赫博士已阅读病历，从其他赖利先生最近的经治医生那里获得了临床信息，并与家人进行了交谈、对家人就赖利先生目前持续的自杀风险进行了适当的教育，并采取了适当的预防措施来限制赖利先生获得致命工具的机会，预见到可能存在自杀风险，并制定了适当的出院后计划，那么在合理程度的医学和精神病学确定性下，赖利先生于××××年3月23日自杀事件会被阻止。"

4. 我在精神病学、神经精神病学、成瘾医学和法医精神病学方面的知识、背景、培训和经验。

> 从记录材料审查部分直接转到本报告的"总结与意见"部分，就脱离了本书所认可的通常基于临床的法医报告格式（见第1章）。这一点应在报告的开头即报告的导言部分提出，并在结尾处予以重申，本报告就是这样。

总结与意见

我不再赘述前文和本案其他现有记录和材料中所讨论的详细背景、病史和细节，并再次确认我基本上同意韦斯特博士（他有两份报告）、海斯博士和瑞安博士在他们的报告中所提供的信息、数据和观点。我注意到，如上所述，所有这些人在得出科赫博士和布劳尔医院偏离了公认的医学和精神病学治疗标准并推断出这种偏离与赖利先生随后的死亡之间存在因果关系的过程中，都在很大程度上回顾性地使用了危险因素的概念。我认为，他们的分析在一定程度上都是回顾性的，因为像赖利先生在家中有一把武士刀（尽管有材料表明已因预计他要回家，潜在的自杀武器已被移除）这样的情况在他从布劳尔医院出院之前是不知道的。人口统计学风险因素，包括赖利先生的年龄、他的生意逆转、他的酗酒问题（根据计划的事后护理安排，科赫博士对此有所了解）、他的抑郁症诊断、他之前的自杀未遂和在克里夫纪念医院接受治疗，以及赖利先生在克里夫纪念医院接受治疗期间的许多其他事实和因素，科赫博士和布劳尔医院员工都知道。在实际中，给定的人口统计学因素是否可以预测一个人的某种结局（例如，抑郁、致死率、年龄、性别等是否可以预测自杀死亡）？在我看来，从方法论上说，不是对每个人都可以被准确预测的。因此，就自杀身亡的人口统计学和危险因素支持韦斯特博士和海斯博士观点的程度而言，我谨表示：我不认为它们可以确定地应用于特定个人（例如赖利先生）。

> 在给出了反对原告专家精神病医生的意见的第一个理由之后，卡梅伦博士随后提出并讨论了他与韦斯特博士意见不同的其他依据。

从临床角度来看，记录中有多处表明，赖利先生曾企图通过过量服药方式自杀，这导致他在克里夫纪念医院住院。他曾认为自己的做法是一种错误，回想起来，感到后悔（例如，如前所述，摘自上述布劳尔医院病历）。在我所查阅到的材料中，赖利先生在与布劳尔医院员工的讨论中始终如一地表示：他在布劳尔医院住院期间不再有自杀想法，他期待着回家继续他的生活。回顾并推论起来，事实并非如此。但是，从实际工作角度出发，要求医务人员在赖利先生住院期间要作出与他的实际表述、评论和愿望相反的临床决定，医务人员要么是千里眼，要么是能够"读他（赖利先生）的心"（我的用语），这当然是不可能的。作决策不依据风险因素，不依据韦斯特、海斯和瑞安等医生所描述的历史事件的类型，也不依据基于对具体个案的材料和观察作出的临床决策，从我的精神病学/神经精神病学/成瘾医学的知识背景看，是不建议的。我的意见具有一定合理医学可能性。因为这样的决定仍与赖利先生的意愿不一致，也和鼓励个人恢复生活并在尽可能小的限度内以合适的方式进行精神治疗的目标背道而驰（即当临床上认为适当时，进行门诊治疗而非住院治疗）。

在实际出院后仍将赖利先生以自愿的方式留置在布劳尔医院（再次承认并接受，他可能一直计划从克里夫纪念医院出院后自杀，但他没有向任何人透露这一计划）将会违背他的意愿，并且使他对住院的依赖关系继续维持，这种情况通常不被临床医生提倡，除非是无法应对长期住院以外生活的精神病患者。当时让赖利先生非自愿住院（并将他转移到可以接收这种非自愿住院病人的医疗设施中），会干扰赖利先生当时的治疗，并且也会使他对医疗机构的依赖继续维持。无论如何，回想起来，当时的此类决定必须根据风险因素和历史事件，并根据赖利先生在布劳尔医院明显的临床表现以及他的意愿作出。

　　总而言之，回顾过去，我们认识到，韦斯特、海斯和瑞安诸位医生对病史中的要点和危险因素的描述准确无误，符合赖利先生当时的实际情况。回想起来，他的自杀想法只有他本人知道。如果当时要作出不让他出院接受后期护理计划的临床决定，就需要再次假设科赫博士和布劳尔医院员工对赖利先生实际出院两小时后的行为能够预知，或者他们能够"读他的心"（还是我的用语），了解他的意愿和明确意图（他自述不会自杀）。

> 　　最后，卡梅伦博士简明地重申了他在这一问题上的专家意见，使他的报告更加全面。

　　出于这些原因，我谨表示不同意韦斯特博士、海斯博士和瑞安博士关于科赫博士和布劳尔医院在赖利先生住院期间对其进行的诊疗偏离了公认的医学和精神病治疗标准，以及这些所谓的偏差是他自杀死亡的最直接原因的意见。

> 　　卡梅伦医生撰写了惯例性的免责声明，将其法医报告与纯临床报告区分开来。

　　我保证，本报告中包含的信息由签名人准备，由署名人撰写。我保证，这是真实的，未经除署名人外的其他任何人修改。

　　如果您对本鉴定报告有疑问，或者如果您在此问题上需要我提供其他服务，请告知我。

　　非常感谢你。

　　真诚的

　　医学博士杰弗里·卡梅伦

美国精神病学和神经病学委员会（P）委员

美国成瘾医学学会认证会员

案例分析与结果

与法医精神卫生专家在民事事务的咨询/评估中通常所扮演的角色不同，咨询/评估精神卫生专家在诸如本案中职业责任（渎职）等事务中的作用是确定责任和损害赔偿两方面。因此，在实际工作中，当原告方律师就此类事宜寻求专家咨询时，律师通常会寻求同一学科领域或与被告临床医生尽可能接近的学科领域的专家进行咨询/评估。

具体到本案，本案是一个精神科医疗事故纠纷案，咨询专家之一卡梅伦博士（本案中辩护律师的顾问/鉴定人）是一名精神病医生，与被告科赫博士的学科领域相同。相对于死者原告的法医精神卫生专家韦斯特博士和瑞安博士的意见而言，卡梅伦博士的意见是"再次鉴定意见"（笔者的用词）。在解决责任和损害问题时，卡梅伦博士实际上提出了以下观点：由于被告医师和医院没有责任，因此，被告医师和医院的活动可能不会、实际上也不会造成损害后果。

法医精神卫生专家通常将职业责任要素概念化为以下四个"D"：

1. 临床医生有责任（Duty）治疗患者或服务对象；

2. 临床医生对患者/服务对象的医疗不规范（Deviant）；

3. 所指称的不规范的医疗造成了损害（Damages）；

4. 损害是对接受治疗的患者/服务对象的损害的直接（Direct）（在法律上）结果。

经过一系列不寻常的事件，此案进行了审判。由于原被告的律师及其当事人都在各自的立场上"固执地不妥协"，因此未能结案。陪审团审判认为科赫博士与医院对赖利先生的治疗与其随后的自杀之间没有充分的因果关系。根据我们的经验，这种结果并不罕见：尽管许多医疗事故案件没有得到审判，但那些进入审判的案件经常被判定为有利于被告人。

I/M/O 格雷塔·帕尔默被指疑似无民事行为能力（I/M/O Great Palmer，An Alleged Incompetent）

案例概述：民事拘禁——精神卫生法

本案中，首先要解决的问题是确定一名老年妇女格雷塔·帕尔默（Greta Palmer）是否具有民事行为能力。其次是对其进行民事拘禁的可能性。家庭成员法律顾问唐纳德·韦伯斯特（Donald Webster）先生聘请精神病医生雷吉娜·哈里森（Regina Harrison）博士对此进行鉴定，撰写了以下报告。

报告

> 回到常规的法医心理健康报告的核心格式，该报告探讨了民事法医鉴定中的两个主要内容：（a）老年人的一般能力；（b）该人的民事拘禁。这两个问题在本报告开始时即明确提出，评估所依据的记录和材料的要点以及评估所基于的其他信息来源也是如此。

在我们就上述问题进行了电话讨论和通信之后，根据以下提供的信息来源，我将为您撰写我对格雷塔·帕尔默女士在本案中的精神病学/神经精神病学/成瘾医学评估报告。

本报告是根据您的要求提供的，旨在就以下问题为您提供我的（具有一定合理医学可能性的）精神病学/神经精神病学/成瘾医学的意见：在接受我面谈/检查时（××××年7月5日，在贝克敦镇森林山的养老院）以及在此之后的合理的可预见的未来，根据她的基本精神状态（精神病学/神经精神病学/成瘾医学状况）是否能作出有关帕尔默女士的一般心理能力，独立照顾自己和事务的能力（包括此类日常生活活动的能力，也包括处理她的财务状况、做饭和清洁、购买衣服和食物等必需品的能力），以安全可靠的方式（例如，不要长时间打开火炉，并因此而引起火灾）管理自己和自己的事务所必需的认知能力、洞察力和判断力等的法律/法院裁决。所有这些问题均旨在根据适用的州法律（我所理解的），解决帕尔默女士是否可以被认定为具有一般民事能力的法医精神病学/神经精神病学/成瘾医学问题。

除了我自己在森林山医院对帕尔默女士面对面的面谈/检查之外，我还与雷金纳德·B.沃特金斯（Reginald B. Watkins，医学博士，执业医师，接受过职业医学培训和认证，多年来，我们已经合作进行了许多这样的能力评估）一起进行了面谈/检查，并应帕尔默的要求，在大多数面谈/检查中，帕尔默女士的女儿格蕾丝·伯恩斯（Grace Burns）女士一直在场。沃特金斯博士将就本案出具自己的独立评估报告。

> 在这类案件中，临床记录和材料都特别重要，无论是既往病史还是现病史。后者对于被评估者近期和当前的功能水平（如《精神疾病诊断和统计手册，第四版，文本修订版》的"总体功能评估分数"所记录的）以及未来的危险可能性（对于民事拘禁而言）尤其重要。临床病史中的显著特征应予以总结并清楚报告。

本报告还将从临床角度来阐述帕尔默女士是否需要非自愿住院（民事拘禁）的问题，其原因将在下文进一步详细讨论。

以上是对本评估报告的性质和范围的介绍，本评估报告的材料来源如下：

1. 我所审阅的贵公司就本案向我提供的医学/精神病学/临床记录和材料副本如下：

a. 帕尔默女士在西黑文医院住院期间的咨询、治疗进展及相关记录，帕尔默女士于××××年 5 月急诊在该院接受了精神病住院治疗，随后她于次月转移到森林山医院继续接受治疗。

他们没有重复这些记录中的细节，而是描述了她于××××年 5 月 8 日被送进医院急诊时，处于虚弱和醉酒状态，有认知障碍病史。这些记录中记载了帕尔默女士在住院期间曾接受过的精神科治疗，以及对脊柱问题、糖尿病、胃炎（酒精性）和其他慢性病的治疗。

有关这些记录和材料中包含的更多详细信息，请读者自行参阅。

b. 帕尔默女士在西黑文医院的入院通知书，有如下内容：

"激动，大声尖叫。患者是一位 92 岁的已婚女性，她是在其女儿拨打 911 后由救护车送入院的。患者跟女儿说她'不舒服'，即过去两天感觉虚弱，睡眠不足。患者否认口服的 PO 减量，但提到'我处于抑郁状态。当我沮丧时，我会在睡前喝一杯伏特加酒和橙汁'。患者目前否认有自杀念头；但是，几年前她曾尝试通过过量服药（不记得是哪个）自杀。目前，她抱怨遇到很多麻烦……丈夫摔倒了，脊柱骨折。患者的丈夫目前正在纽伯恩医院接受为期几周的康复治疗。患者的助手已停止照顾她两三天了。在这几天中，她独自一人，可能没有得到补偿，她抱怨女儿的照顾不力……既往精神病史……曾在格雷莫尔医院的克拉默精神病诊所就诊。上次看精神科医生是在两周前。百忧解一次 10 毫克（每天）和劳拉西泮一次 1 毫克。

病史：之前有一次自杀尝试（几年前过量服药）。既往病史：帕金森氏病。酒精滥用史：曾在米尔顿（Milton）综合医院戒酒治疗一次。社会交往史：家庭成员、医生（包括精神科医生）。精神状态检查：机敏，镇定，合作，定向力三级。言语平静，正常节奏。情绪低落。表情拘谨。0/3 记忆力，认知能力下降（连续减 7 成绩差），目前无精神病性症状，没有自杀观念……轴I：抑郁症（未在他处归类）。认知障碍（未在他处归类）；除外苯二氮卓类药物依赖。"

c. 出于当前目的，医学博士托马斯·沙（Thomas Shah）（帕尔默女士在西黑文医院住院期间的主治精神科医生）就帕尔默女士的认知能力问题写了一封"致有关人员"的信，内容如下：

这封信是为了通知您，上述 90 岁的女性患者于××××年 5 月 8 日入住西黑文医院。在××××年 6 月 12 日对患者进行了精神病学评估，以解决关于她的出院计划和独立生活的决策能力问题。根据我们的评估和所获得的旁证信息，我们发现该患者有认知障碍，可能会影响其独自生活和照顾自己的能力。由于没有能力参与出院计划或独立生活，因此患者出院后需要安排到有监护的场所，并由她的医疗代理人和/或近亲属来作决定 [就我的理解，实际上是她的女儿格蕾丝·伯恩斯（Grace Burns）女士，目前对她的母亲拥有代理权]。

d. 森林山区医院的护士布伦达·里德（Brenda Reid，注册护士）填写的帕尔默女士的一组共 19 份护理评估记录，日期为

××××年 10 月 15 日。

在我所查阅的材料中，这项评估是在帕尔默女士从西黑文医院转到森林山医院之前完成的。出于当前目的，在名为"上午/下午的准备"文件中，对帕尔默女士的认知能力作了具体记录（"夜间协助入睡……全天经常检查……夜间检查"）；需要"心理指导"（"常规定向及其对医院外部的干预/监督"存在轻度至中度受损）；"行为管理"（"最小干预/偶尔监控……偶尔可能会离题，最低程度监控"）；"药物/服务"["总共 10 种以上药物的药物协助……在给药/换药方面明显需要专业人员的管理（每月超过两个小时）……不使用单位剂量方法，必须完成完整的药物设置"]；和"评论"[" 老年人项目（POA）24/7 提供协助。老年人项目为日常生活活动提供协助。11/ 24/06 继续由老年人项目协助所有的日常生活活动进行药物治疗"]。

e. 基思·马里昂（帕尔默女士在森林山医院的主治精神病医生）的一组共 9 份进度记录，日期为××××年 8 月 1 日（入院记录）、××××年 8 月 8 日、××××年 8 月 14 日、××××年 8 月 28 日、××××年 9 月 5 日、××××年 9 月 27 日、×××× 年 12 月 5 日、××××年 12 月 12 日和××××年 12 月 18 日。这些材料中包括一些在此期间的健康保险索赔表。

在我查阅的材料中，马里昂（Marion）博士描述了帕尔默女士的背景和病史（包括重度抑郁症的精神病性症状，痴呆和R/O 酒精滥用）。马里昂博士在进度记录中记录了帕尔默女士的几种精神科药物（包括抗精神病药和抗抑郁药），婚姻冲突，自杀观念（"所以我会死，割喉并了结这一切"，记录日期为××××年 8 月 14 日），她想回家的迫切愿望，她的抑郁和焦虑，她的困惑和酗酒，以及如西黑文医院病历记载的她的背景和病史中的其他方面。

f. 帕尔默女士于××××年 9 月的几份门诊实验室检查和心电图检查结果，可能是她在森林山医院进行治疗和护理的一部分。

g. 与帕尔默女士在森林山医院的护理有关的另一组记录和材料，包括医师在××××年 8 月至 9 月间的医嘱和配药记录的副本。××××年 11 月 16 日的"合作伙伴医生医嘱单"上给出的"诊断"包括阿尔茨海默氏病、高血压和胃食管反流病。当时，帕尔默女士医嘱单上的药物包括叶酸、百忧解、润肤露、阿司匹林、多种维生素、耐信、劳拉西泮、络活喜和利培酮。阿普唑仑当时停用了。在我所查阅的材料中，这些药物，除了百忧解停用和来士普加用（另一种抗抑郁药）外，一直持续用到××××年 12 月。

有关所有这些记录和材料中包含的更多详细信息，请读者自行参阅。

2. 我对帕尔默女士的精神病学/神经精神病学/成瘾医学的面谈/检查，大部分检查她的女儿格蕾丝·伯恩斯女士和沃特金斯医生都参加了。

3. 由于帕尔默女士的认知局限性，我只施测了一组标准化的心理、化学物质依赖性以及相关的测试和清单，就是简明精神状态检查表，她很难完成，并且不想完成。她在该测试中的表现将在下面进一步详细讨论。

> 哈里森博士特别擅长的领域是老年精神病学，这一点她在报告的开始部分即提出。

4. 我在精神病学和神经精神病学、成瘾医学、精神病学方面的知识、背景、培训和经验，尤其是就当前目的而言，我多年来从事患有各种类型的先天性和后天性痴呆和脑损伤患者（像帕尔默女士这样的情况）的诊治工作的经验，将在下面进行详细讨论。

> 　　帕尔默女士的临床记录中包含了更多的信息，这段特殊的历史表明她长期以来功能失调的社会心理问题、酗酒以及近来的痴呆症，因不断饮酒而加重。这最终导致了帕尔默女士住院治疗，并为评估人员针对本评估中要解决的两个法医精神卫生问题的"总结与意见"部分奠定了基础。

历史

　　格蕾塔·帕尔默女士现年 92 岁（出生日期：××××年 12 月 18 日），丧偶后再婚，白人女性，近来（在西黑文医院住院并随后转移到森林山医院之前）与第二任丈夫查尔斯·帕尔默（Charles Palmer，注册会计师，现年 80 岁）一起住在帕尔默女士拥有的大型私人住宅中。按照帕尔默女士的女儿（由于帕尔默女士的认知障碍和记忆力减退以及随之而来的沟通困难，她提供了帕尔默女士的很多历史信息）的描述，（由于帕尔默女士被安置在森林山医院）帕尔默女士与丈夫目前关系疏远并且正在离婚；据我了解，截至撰写本报告时，帕尔默女士的丈夫正在考虑或已搬离。

　　帕尔默女士同胞三人：她的哥哥韦恩·帕尔默（Wayne Palmer）已去世，享年 85 岁，生前可能被诊断为躁郁症；她的姊妹贝蒂·怀特（Betty White）已去世，享年 70 岁。帕尔默女士的哥哥和姊妹均已婚，并育有成年子女。帕尔默女士本人嫁给艾伦·比克勒（Alan Bickler）先生，他因中风和心脏病发作去世，享年 56 岁。他俩育有一个女儿，格蕾丝·比克勒·伯恩斯，现年 60 岁，丈夫是文森特·伯恩斯（医学博士、理学硕士）。伯恩斯女士和她的丈夫有一个 27 岁的儿子和一个 25 岁的女儿。母亲（格蕾丝·伯恩斯夫人）称女儿有情绪问题，并且是"双相情感障碍"。

据她的女儿说，帕尔默女士在普莱恩代尔出生和长大，年轻时从林肯·霍尔高中毕业，后就读于提斯代尔大学并毕业。她在外工作了多年，嫁给了第一任丈夫，并育有孩子。她丈夫艾伦·比克勒（Alan Bickler）先生去世后她于××××年与查尔斯·帕尔默（Charles Palmer）先生再婚。帕尔默先生之前也曾结婚，育有三个成年子女。

> 在报告的这部分，哈里森博士开始讨论帕尔默女士经历上与她随后的认知障碍有关的因素。这些因素对于评估帕尔默女士的心理能力特别重要。

根据伯恩斯女士的说法，她母亲与帕尔默先生的关系近年来以他必须适应她持续和严重的酗酒为特征，伯恩斯女士形容这种关系日益失调。据说，在他们的婚姻存续期间，帕尔默先生曾因经济问题被定罪，并被关进联邦监狱多年。

近年来，随着帕尔默女士的痴呆症、残疾和酗酒问题加重，年迈的帕尔默先生还要照顾她，两人关系进一步恶化。

据伯恩斯女士说，这种情况在××××年7月发展到高潮，当时帕尔默先生摔倒并背部受伤，这使他更难以照顾妻子。在这种情况下，据说，在帕尔默女士从西黑文医院转到森林山医院之后（她不愿意这样，在女儿的敦促下她同意目前的安置，但据伯恩斯女士说，她母亲一直反对这种安排）帕尔默先生于××××年9月9日向她提出了离婚。

> 哈里森博士在报告的"历史"部分结束时简要讨论了帕尔默女士的现状和临床状况。

目前，以及在过去的大约四个月中，帕尔默女士住在森林山医院，经常与她的女儿伯恩斯女士接触；有时得到服务人员的帮助（据伯恩斯女士说，她的母亲通常对这些人很无理，他们已经辞职了）。她因自身的几种疾病而接受多种精神和非精神药物治疗（如上所述），并且总说要回到自己的家中独立生活，而不要留在森林山医院。

如要进一步了解帕尔默女士的背景和历史以及目前她在森林山医院的情况，请参阅上述适用的记录和材料。

> 由于本鉴定的重点在于帕尔默女士的当前和未来（在合理可预见的未来，无论是她照顾自己的能力——她的一般民事行为能力，还是她的危险或潜在危险）的精神状态，因此，报告的"精神状态检查"部分对于此类法医评估尤其重要。本报告提供了生动的说明，包括被评估者的行为实例和言语引述。这些观察结果反过来支持了评估者对帕尔默女士的"临床诊断印象"，并引出评估者的"总结与意见"。

精神状态（精神病学）检查

如上所述，对帕尔默女士的大部分面谈/检查都是在森林山医院、在沃特金斯博士以及伯恩斯女士在场的情况下进行的。伯恩斯女士在场的原因是，她告诉我，如果她不在场，她的母亲将不同意接受面谈/检查。由于帕尔默女士的认知局限性，记忆力减退以及不具备为我们将其历史和现状联系起来的交流能力，很多病史是从伯恩斯女士而不是帕尔默女士那里获得的。

我向她介绍了自己，确定了她理解面谈/检查的目的和范围，并告知她评估有可能不保密。她告诉我这是她可以接受的。然后，我们进行了面谈/检查。

　　帕尔默女士的身材瘦弱、轻巧，发育正常，营养良好，白人女性，头发略带红色，穿黑色休闲裤、紫色毛衣和拖鞋。她看上去很虚弱，走路时也很困难：她步履蹒跚，呈帕金森式步态。帕尔默女士的手有关节炎，在整个面谈/检查中，她似乎对我们讨论的大多数话题感到困惑（包括她与已故丈夫和现任丈夫的家庭关系，她的子孙，她已故的姊妹和他们的孩子，她的位置，她目前与丈夫的关系以及对他是否要搬出家的理解，以及其他如下所述的类似主题）。

　　帕尔默女士的情绪在整个面谈/检查中表现迟钝，尽管在某些情况下（例如，当我对她进行简明精神状态检查表测试时）她似乎易激动和愤怒，并且不配合我进行该测试（另一方面，沃特金斯博士没有对帕尔默女士进行此类测试，在整个面谈/检查中，她很愉快并且很配合）。

　　考虑到帕尔默女士的沟通困难，在这次面谈/检查过程中似乎没有任何迹象表明她有思维障碍或精神病性症状（例如幻觉，妄想，联想散漫等）。对帕尔默女士的精神状态检查最突出的是她的认知损害（加着重号），详述如下。

　　认知上，帕尔默女士在整个面谈/检查中似乎对这次面谈/检查的许多方面感到困惑。她对年份、日期或星期几不能分辨，但能分辨月份和季节。她能够重复三个项目，并在几分钟后回忆出其中两个项目。（这是在简明精神状态检查表测试中进行的。）她在简明精神状态检查表上的总得分为 19 分，处于"轻度障碍"范围中最低数值。

　　如上所述，帕尔默女士对她的家庭、现况和丈夫感到困惑。我认为，她对于如果丈夫离开家，她自己在家照顾自己的能力的认识是不符合实际的："如果房子被卖了，您会怎么做？""搬进公寓。""房子被卖了吗？""是的，但是我还是会搬进去。"

> 在介绍并讨论了帕尔默女士的一些精神状态检查后，哈里森博士接下来举了帕尔默女士自己不寻常甚至奇怪的评论的例子。

同样，帕尔默女士在这次面谈/检查中坚持认为"她不需要每天 24 小时的护士帮助"，而就日常生活活动（例如食物制备）而言，她同样含糊且不切实际："我出去吃。"她还怀疑自己在森林山医院的助手，称该助手"试图偷走一切"，她对以前的家庭保健助手也有这种怀疑。

当我和沃特金斯博士单独对帕尔默女士进行简短面谈时，她的举止和表现与她在伯恩斯女士离开之前的长时间面谈/检查中的举止一样。例如，她告诉我们，"丈夫隔一天、两天、隔一周来一次，我不记得最后一次了"。

除了这些有关帕尔默女士的精神病学/神经精神病学症状的观察和讨论，以及有关她身体虚弱的评论外，我还注意到了她腿上有外科手术疤痕，还注意到了她先前曾有三次髋部手术史（据伯恩斯女士说，第一次手术是在左侧，第二次是在右侧，一次修订手术是在右侧）。

我已注意到帕尔默女士使用的多种药物。读者可以自行参阅可用的记录和材料以获取详细信息。

临床诊断印象

与美国精神病学协会《精神障碍诊断和统计手册，第四版，文本修订版》（2000 年）或《精神疾病诊断和统计手册，第四版，文本修订版》的当前诊断术语和格式保持一致，帕尔默女士的临床诊断印象如下：

轴Ⅰ（临床疾病）：

1. 痴呆（未在他处归类），可能是阿尔茨海默氏病性痴呆，起病晚，伴有慢性酒精中毒。

2. 酒精依赖史（由伯恩斯女士报告），在机构中得到缓解。

轴Ⅱ（人格障碍）：

没有诊断。

轴Ⅲ（一般医疗状况）：

帕尔默女士的多种医疗问题已有描述，包括帕金森症、三次髋关节手术后、高血压、胃食管反流病以及认知障碍。

更多详细信息，读者可以参阅帕尔默女士在森林山医院的病历中的有关记录和材料，前文和本案可供查阅的其他材料已描述。

轴Ⅳ（社会心理和环境问题）：

我认为，帕尔默女士目前主要的"心理社会和环境问题"包括她的"主要支持团体的问题"（她与丈夫离婚以及与女儿的关系紧张，由于痴呆，这两者都使她感到困惑），"与社会环境有关的问题"（她与丈夫离婚后可能不得不离开家庭；她不喜欢她目前的安置）；还包括"住房问题"（如上所述），以及在身体和精神健康状况不佳的认知受损老年人中所有这些问题的相互作用，并在日常生活中依赖于他人。

轴Ⅴ（总体功能评估）：

帕尔默女士的总体功能评估量表评分为 40 分~50 分，表示"症状严重……社会、职业或学校功能严重受损……一定程度的现实检验或交流障碍……在某些领域，例如工作或学校、家庭关系、判断力、思维或情绪方面的严重损害"（部分摘自《精神疾病诊断和统计手册，第四版，文本修订版》，我认为在此适用）。

> 最后，评估人员的"总结与意见"应该是报告的前面各部分的逻辑必然。在本案中，根据这些部分得出了必然的结论（"意见"），即帕尔默女士不具有（也不可能变为具有）"民事行为能力"，也不属于"对本人或他人不构成危险"的人。然而，这两点都应以清晰明确的方式提出，就像本报告那样。

总结与意见

格蕾塔·帕尔默女士现年 92 岁（出生日期：××××年 12 月 18 日），丧偶，已婚（目前正在离婚），白人女性。曾接受过多年的培训，担任室内装饰设计师多年（现已退休多年）。据我所知，目前她正与第二任丈夫进行离婚诉讼，并需要雷金纳德·沃特金斯博士和我对其目前的民事行为能力和民事拘禁问题进行临床评估。

除了她的个人和社会心理背景和病史外，据了解，帕尔默女士还有多年慢性饮酒的历史，她女儿说已到了令人沮丧的程度。这导致第二任丈夫（注册会计师查尔斯·帕尔默，两人于××××年结婚）最近起诉离婚，由此又导致复杂的法律问题和活动，其中包括有必要对被鉴定人进行目前的精神病学/神经精神病学/成瘾医学能力评估。

帕尔默女士的背景和病史；导致本次能力评估的事件经过；我对帕尔默女士的精神病学/神经精神病学/成瘾医学的观察所见；以及我对帕尔默女士的临床诊断印象，均在本报告和其他有关此问题的记录和材料中记载。这些将不在本报告的此部分中重复。

鉴于帕尔默女士的背景和病史（可能由于她长期的酗酒而

195

变得复杂和严重）；她目前的临床表现（如上所述的困惑并表现出的认知损害）；她无法应付有关自己日常生活活动的实际问题（在我看来，这导致她无法照顾自己）；并注意到目前与她丈夫要离婚的有关困难和压力处境，我的（具有一定合理医学可能性的）精神病学/神经精神病学/成瘾医学意见是，截至我对帕尔默女士面谈/检查时（××××年7月5日）以及至少在合理的可预见的未来（如果有的话），不论是从精神病学/神经精神病学还是医学/其他疾病角度看，帕尔默目前（包括未来）无法照顾自己，并且鉴于导致她目前状况的医学和精神病学/神经精神病学问题的长期性，她在稳定和支持性的环境中（具体而言即森林山）缺乏临床改善，以及她的衰老，在合理的可预见的未来，她的临床状况不太可能改善（如果有的话）到足以有能力照顾好自己和管理自己事务的程度。据我对可适用的州法律的了解，这一点使她对自己构成危险。此外，帕尔默女士的烦躁和周期性的攻击性行为使她在合理可预见的未来可能对他人构成危险，就像过去一样。

> 在表明了对本评估中要解决的两方面问题的临床意见后，哈里森博士实际上作出了声明，承认并支持关于帕尔默女士在本案中的两个问题上的法律/法院裁决。

尽管认识到这类民事行为能力是法律/法院的决定，而不是医学/精神病/临床的决定，我的精神病学/神经精神病学/成瘾医学意见（具有一定的合理医学可能性）仍是：

截至格雷塔·帕尔默女士接受我的面谈/检查之时，以及之后可合理预见的未来，对帕尔默女士的基本精神状态（精神病学/神经精神病学/成瘾医学状况）的判断确实支持对帕尔默女士的法律/法院判定，即帕尔默女士目前不具备一般民事行为能力，并且在合理的可预见的将来（如果有）将不太可能恢复这种能力。我的（具有一定合理医学可能性的）专业意见还认为，这些判断也使帕尔默女士目前和在合理可预见的将来可能对自己和他人构成危险（根据我对可适用的州法律的理解）。

> 　　最后，哈里森博士撰写了惯例性的声明，将她的法医报告与纯粹的临床报告区分开来。

我根据有关独立医学检查的限制性规定，针对本案中的具体问题对被鉴定人进行了检查。因此可以理解为没有给予或建议治疗，也不存在医生/患者的关系。

我保证，本报告中包含的信息由签名人准备，由签名人撰写。我保证，这是真实的，未经除签名人外的其他任何人修改。

如果您对此评估和报告有任何疑问，或者如果您在此问题上需要我提供其他服务，请随时与我联系。

非常感谢你。

真诚的雷吉娜·哈里森（医学博士）

美国精神病学和神经病学委员会（P）委员

美国成瘾医学学会认证会员

案例分析与结果

在对个人的民事能力进行评估（通常在监护或抚养权诉讼的情况下进行）中，进行评估的精神卫生专业人员通常着重于被评估者从事一般活动（例如照顾自己，购物，做饭，清洁等）和/或特定任务（例如订立合同，订立有效遗嘱和其他此类任务）的认知能力，尤其是在该人执行此类任务的认知能力受到质疑的情况下。

在本案中，由于其背景和病史非常严重，并且病史中同时患有器质性（痴呆）和其他（精神分裂症和药物滥用）精神障碍，因此综合帕尔默女士所有的这些因素，进行评定的精神卫生专业人员（在本例中为两名）认为，她不具备照顾自己的能力。反过来，这种临床印象也支持为帕尔默女士指派一名监护人，至于具体谁将是她的最佳监护人（在此特殊情况下没有争议），这并不是本评估/咨询的范围内要解决的问题。

在诸如此类的事情上寻求专业心理健康咨询/评估的律师应了解一般的能力和特定能力之间的实际临床区别，并应让他/她的心理咨询/评估人员也明确这种区别。相反，进行咨询/评估的精神卫生专业人员也应意识到这一区别，并应具体说明其咨询/评估对这两者或其中之一阐明的程度。

参照专家/律师和专家/法院关系中的要点，在本案中，被评估者的临床状况不断恶化，必须迅速进行法医评估。哈里森博士的快速咨询和报告撰写以及与专职律师的密切联系，使帕尔默女士的民事能力和民事拘禁听证会得以迅速举行，而哈里森博士无需亲自作证。自哈里森博士最后一次与帕尔默女士的聘请律师联系以来，帕尔默女士被非自愿地送入当地一家大学附属的精神病医院接受治疗，并且状况良好。

第❻章
民事案件鉴定报告摘要

与第 4 章类似，在本章中，我们将提供比第 5 章的四份完整鉴定报告范围更广泛的一系列民事法医精神卫生报告中的"摘要和意见"摘录。使读者能够了解比在本书所允许的空间和时间内以完整报告的形式呈现的、更多的民事法医精神卫生主题。

与第 4 章中一样，我们提供了许多摘录的案例，借此让读者了解民事案件鉴定的范围，其中法医精神卫生评估和报告发挥了作用。

人身伤害

本民事诉讼的原告经历了 2001 年 9 月 11 日的世界贸易中心袭击，并声称该事件造成了持续的、严重的心理和身体创伤。原告声称雇主因其存在持续的损害强行终止劳动合同而对其造成了进一步的创伤，导致他无法正常地返回工作岗位。

法医精神科医生认为，在进行此评估时，原告的创伤后应激障碍有所缓解，而且，恢复有酬的工作是原告希望的，也是有可能的。

人身伤害

本民事诉讼中的原告对旅游巴士运营商提起诉讼，原因是据称原告在乘坐公共汽车时在台阶上发生了滑倒事件。调查显示，原告在乘车时饮酒过量。此外，原告是胰岛素依赖型糖尿病患者，在发生事故的当天没有服用过任何针对该疾病的处方药物。事故发生后原告被送往医院的急诊室，其血糖升高，血液中的酒精含量高于中毒水平。

被告要求法医精神病医生出具专业意见，法医精神病医生认为原告饮酒以及未服用用于糖尿病控制的处方药均可导致事故发生。

人身伤害

本案源于一场交通事故的民事诉讼，原告受了重伤，一成年子女死亡，因而提起民事诉讼。

根据对所有现有相关记录的审查以及面对面的晤谈，法医精神科医生的意见是，原告正处于因孩子死亡，以及因未能避免事故而产生的内疚感引发的临床上严重的抑郁状态。

劳动法

本案中的被鉴定人声称自己是各种蓄意和不利的工作场所行为的受害者，这些行为最终导致其被强迫辞职，并随后提起诉讼。由于对工作场所的指控，原告受到了几位精神科医生的治疗，其中一名精神科医生认为原告患有创伤后应激障碍。

但是，法医精神科医生认为，原告对工作场所问题的反应不符合创伤后应激障碍的临床诊断标准。但是，医生认为存在轻度至中度的损害和症状，而原告认为这种症状与工作场所有关；并且存在其他（与工作场所索赔无关的）应激源，所有这些因素共同加剧了其症状。

人身伤害

本案的基本问题是被鉴定人的精神病状况以及相关的医疗（药物治疗）问题。被鉴定人的医疗/精神病问题是机动车事故造成的，事故导致医疗/精神病问题并致其不能就业。在撰写本报告时，被鉴定人正在接受治疗，并正在接受舒马曲坦、曲唑酮和思瑞康等药物治疗以减轻焦虑和抑郁症状。

根据现有记录和面对面的谈话，法医精神科医生认为，应继续进行目前的医疗和药物治疗，以期达到康复和重返工作的目的。

劳动法

被鉴定人受聘为教育专业人员数年。乳房手术之后，被鉴定人需要进行化学疗法和放射治疗。该人变得越来越孤单，并且在工作场所的行为给雇主带来麻烦。

雇主要求法医精神病科医生提供专业帮助。法医精神科医生认为，该人在工作场所没有任何危险。此外，精神科医生还建议了一些其他措施，包括转移到另一个岗位、安排更稳定的工作计划、更换药物、适度运动以及心理治疗。

劳动法

本案中的被鉴定人是工作场所问题的受害者，该问题最终导致其非自愿辞职。事件的结果是该人变得沮丧、担忧、激动和愤怒，并进行精神科药物治疗，此外，还会出现身体问题（包括由抗抑郁药引起的胆固醇升高）。

在查阅了相关记录并进行了面对面的晤谈后，法医精神科医生认为，被鉴定人患有适应障碍，并伴有长期抑郁情绪，系由工作经历导致，构成损害。

劳动法

本案中的被鉴定人声称在工作场所受到不公平和不可接受的待遇，并对雇主提起诉讼。被鉴定人声称所经历的遭遇（这是诉讼的基础）造成其严重的抑郁症，使其后来无法工作。

法医精神科医生认为，被鉴定人的情况虽然不严格满足创伤后应激障碍的临床标准，但确实表现出相似的临床表现，包括对该事件的复发性和闯入性回忆；反复梦见该事件；有好像事件在重复发生的感觉和行为；持续避免与创伤有关的刺激；警觉性高，难以集中精力，易激动。此外，精神科医生的意见是，至少当时及合理的可预见的未来，工作场所的经历"破坏"了被鉴定人在未来就业中获得成功的机会。

渎职事故

该诉讼中的原告被一名诊断为偏执型精神分裂症、有暴力史且未服用处方药的人推入公共汽车即将开来的道路。原告受了重伤，并向多家医院、个人和政府机构提起诉讼。

尽管在袭击原告之前，袭击者在接受两名医生的治疗和观察，袭击者仍有明显的、离奇的、精神病性的、偏执和有潜在危险的想法和评论，鉴于袭击者的长期偏执性精神病病史，这些表现尤其重要。而这些经治医生是知道的。经治医生之间没有就被鉴定人的危险性进行过沟通。法医精神科医生认为，这些经治医生由于缺乏沟通，没有采取任何行动来约束袭击者或让袭击者非自愿住院，从而偏离了公认的医疗/精神病治疗标准。

渎职（疗养院）

在本案中，被告是养老院。该机构的一名年老居民死亡后被埋葬，但没有将任何一件事通知近亲属。据称该民事诉讼中的近亲属，即原告，对该事件感到愤怒和沮丧，随后寻求并接受了咨询和精神科诊疗。本案有必要就原告与该事件有关的精神状况征求法医精神科医生的意见。法医精神科医生认为，原告的精神状况正在改善，最大的压力是持续的诉讼。

渎职（康复机构）

该诉讼由被告（一家康复机构）的雇员提起，该雇员遭到一名患者的性侵犯。罪犯被转移到另一个机构并安排由原告照顾，期间性侵发生。原告认为，被告人有责任告知原告该患者作为性犯罪者具有性侵的可能性。法医精神科医生认为，该机构没有以合理的方法来预测这种潜在行为，而且还存在一个问题，即该机构是否可以在不违反保密准则的前提下提供与可能的性罪犯行为有关的精神状态信息。

德拉姆商店责任

本鉴定涉及由一名遗产继承人提起的诉讼。被继承人在酒吧喝酒时喝醉了，并在明显喝醉的情况下还被提供酒。离开酒吧后，该人在驾驶机动车辆时被警察拦下，发生了冲突，该人袭击了警官，企图拿走警官的武器，后被枪击致死。诉讼是根据德拉姆商店的责任向酒吧提起的，要求其赔偿。

受聘于遗产继承人的精神科医生根据对现有材料的审查出具的意见是，鉴于死者的暴力和攻击行为历史（包括饮酒时的这种行为），死者的行为是他在酒吧虽然已经明显喝醉仍被提供酒的必然结果。

性暴力捕食者

本案中的问题是，已判决的性犯罪者当时或在合理的可预见的将来，如果被安置在安全性较低的机构中继续治疗，是否存在"极有可能"再次性犯罪的风险。

在进行此评估之前，该人曾发生过脑血管意外（中风）和心肌梗塞，且活动能力非常有限，无法在没有帮助的情况下行走。基于这些身体因素以及与性欲减少和性行为减少有关的生理和心理因素，法医精神科医生的意见是，如果转移到一个安全性较低的环境中，该人再次犯罪的"可能性极低"。

民事拘禁/民事行为能力

据称被鉴定人在儿童早期就被发现有轻度智力障碍，并有严重的精神疾病史。在一次被指控对儿童性虐待之后，该人被认定对犯罪无受审能力并被民事拘留在精神病院。关于让该人出院并作为门诊病人进行治疗的可能性问题，有必要征求法医精神科医生的意见。根据被鉴定人的住院表现情况：被动、孤僻、没有侵略性或危险性行为或性侵害行为，法医精神科医生认为，该人可以安全地出院回到家庭中。

性暴力捕食者

因数起自述性性犯罪而被定罪后，被鉴定人被关押在监狱和性罪犯机构长达二十年。本案中的问题是，如果将被鉴定人安置在安全性较低的机构中，是否"极有可能"再次犯罪。

在审查了所有相关记录并进行了直接的面谈之后，法医精神科医生认为，此人不太可能再次性犯罪。在得出这一意见时考虑的因素包括：该人已超过十年未使用过非法药物，曾接受过药物滥用治疗并希望继续这种治疗，持续的精神科治疗和针对性犯罪者的治疗明显有效。但是，法医精神科医生的建议是，鉴于多年以来都没有与外界接触，因此不要立即将该人释放到安全性较低的环境中，相反，释放应逐步地进行，以使该人可以逐渐习惯外面的生活。

性暴力捕食者（因精神错乱而无罪）

被鉴定人的性犯罪已被判定为因精神错乱而无罪。他有严重的精神病病史，包括躁郁症，在认定其因精神错乱而无罪之前曾两次住精神病院治疗。被鉴定人声称对性犯罪一无所知，并且在安全治疗机构中仅取得了有限的疗效。在民事拘禁期间，该人对工作人员有不当行为，并且未按医嘱服药治疗。

法医精神科医生的意见是，该人在当时可预见的未来可能会出现危险的敌意行为，建议密切监测药物治疗，此外，建议将心理治疗作为整体治疗的一部分，心理治疗之所以必要是因为在面谈中发现了他有怪异的想法。不建议转移到安全性较低的环境。

警告程序

此警告程序是由已故立遗嘱人所立遗嘱的主要受益人提起的。随后的遗嘱确定了一名新的受益人，并大大减少了第一份遗嘱中指定受益人的资产份额。因此第二份遗嘱受到质疑，因为：首先，第二份遗嘱订立时立遗嘱人无民事行为能力；其次，身患绝症并即将死亡的立遗嘱人受到了一名长期家庭佣人不适当的影响。根据第二份遗嘱，这名长期家庭佣人是主要受益人。

根据受聘于第一份遗嘱受益人的法医精神科医生的专业意见，基于对现有相关的医疗记录的审查以及所了解到的立遗嘱人生前的行为，包括她与新受益人的关系，尽管立遗嘱人身患多种疾病，第二份遗嘱应是有效的。精神科医生审查的文件包括立遗嘱人的初级保健医师出具的意见、诉状、证词和质询。

性暴力捕食者

本案中的被鉴定人系已被定罪的性暴力捕食者，他还有其他犯罪。该人还有药物滥用，抑郁，因被遗弃、被身体虐待和性虐待等导致的痛苦情绪反应。在监护治疗过程中（在民事拘禁听证会之前），该人取得了令人满意的临床进展。一名法医精神科医生查阅了所有可用的相关材料并进行了面谈。法医精神科医生认为，根据梅根法律监督计划，有几个因素表明应当在门诊治疗的基础上将其释放到社区。这些因素包括住院治疗的进展以及有可以提供必要的情感支持的密友。

性暴力捕食者

被鉴定人是被定罪的性犯罪者，其成年后的大部分时间都被关押在惩戒和精神医疗机构中。当最近一次性犯罪的判决执行将近结束时，依法举行了将个人归类为性犯罪者的听证会。后有人质疑听证会上缺少精神卫生专家证词是否会导致与听证会上有精神病专家证词的不同结果。另外还提出了受审能力问题，因为该人表示希望获得定罪后的救济。

本案的法医精神科医生认为，缺少关于将其归类为"重复性和强迫性"性罪犯的专家证词不会对听证会的裁决产生任何影响。法医精神科医生还认为该人具有受审能力，作出该结论所考虑的因素包括被鉴定人表现出的愤怒和抵抗的程度，缺乏合作的表现以及否认在被指控罪行中有任何不当行为。

有毒物质接触

被鉴定人以前没有明确的病史，在医疗机构工作期间，曾暴露于剧毒物质中，导致严重的和复杂的医疗问题，包括传染病和滥用药物等，导致其无法重返工作岗位。被鉴定人对雇主提起了诉讼，法医精神科医生的意见因而被认为是必要的。

法医精神科医生认为，根据对所有相关病历的审阅和与受试者的面谈，重返工作不仅是有可能的而且是应该建议的，而且被鉴定人的动机似乎是"继发性获益"，即需要关注、胜诉和经济报酬。

职业法规

本案中的律师在经历沮丧和感到无法履行其执业要求的职责后，自愿中止了其成功且充满压力的法律执业。中止执业后不久，该律师的行为受到了多起投诉。一个主要的问题是，该律师是否有能力与其辩护律师一起为投诉进行有力的辩护。其次是他是否可以重返法律执业。

法医精神科医生基于对被鉴定人的检查和面谈后认为，该律师具有与辩护律师一起参与辩护的必要认知和情感能力，此外，该律师还具有法律执业所必要的认知和情感能力，但建议案例量减少且在压力较少的执业区域执业。

离婚：受虐妇女综合征／创伤后应激障碍

本案中的问题起因于妻子的诉称，妻子称她是受虐妇女并患有创伤后应激障碍。她称婚姻关系一直高度紧张，并称受到精神和身体虐待。后一说法没有证据支持。

该案中法医精神科医生意见的依据是对所有相关记录的审查以及与离婚诉讼双方的深入面谈。结果是，法医精神科医生认为妻子不符合受虐妇女综合征的诊断标准，丈夫的临床表现不像虐待家属者。另外，精神科医生认为，妻子不符合创伤后应激障碍的诊断标准。

合同胁迫

原告（成年儿子）在对父亲提起的民事诉讼中提出的问题是，当原告执行一份文件，将儿子的法定和解金的大部分给父亲时，原告是否受到极端胁迫。和解时儿子尚属未成年人。

法医精神科医生认为，本案中原告不具备法定能力来执行有关文件，这种能力的缺乏是基于多种因素。精神科医生的意见中指出的几点包括，父亲多年来一直在操纵儿子，特别是在法律和解方面，威胁要提供信息以表明该和解是通过欺诈获得的。该威胁是空洞的，尽管和解的细节可能令人尴尬。所建立起来的关系不是基于任何儿子对父亲的高度信任。最后，意见还指出，父亲坚持要分得一部分和解费，以及父子关系中的所有其他因素，最终使儿子觉得他应当签署这份文件，即使他已经明确表示这样做是错的。

第三部分　结语

第❼章
结 语

在本书中，我们介绍了法医精神健康报告的特殊格式，并展示了许多使用该格式的完整案例，以及一系列案例摘要，这些摘要涉及众多领域和主题。我们对其中一些案例进行了评论和讨论，以便将这些评估中的法律问题（由聘请方律师或法院提出的法医精神卫生问题）与有关精神卫生专业人员就这些问题的发现、印象以及意见关联起来。

我们并未打算编写一本法医精神卫生实践的百科全书式的参考手册。相反，通过回顾法医精神卫生教科书和专著、文章以及互联网资源（例如附录 B1~B4 中列出的内容）中与背景和理论相结合的案例和评论，读者可以对精神卫生专业人员在法医领域进行咨询的多种方式形成实用的观点。

在这里，我们返回要点列表，我们认为这些要点对于精神卫生从业人员的法医工作具有重要意义。如果忠实地遵循这些要点（本质上是常识和礼仪、敬业精神的混合）将对精神卫生专业人员、聘请律师及其他人之间的互动、合作和沟通更加和谐和高效有极大的帮助。

在本书的许多地方，特别是在案例评论中，我们提到了这些要点。我们相信，在这里对它们进行重复和扩展将是有价值的。

1. 与参与案件的其他专业人员保持联系。根据我们的经验，很少有"厨师过多，破坏肉汤"的事。持续的专业合作与交流永远是加分的。

2. 始终准备好倾听其他观点。没有人能垄断知识。知识、新视角和新观点的获得，专家、聘请律师和法院之间进行的互动，都是受鼓励的。

3. 要专心。专注于手头的主题。尽管当前推崇多任务处理，但其价值并不总是实用的或专业的。对于法医精神卫生从业人员，必须仅关注一个重点，即被评估的人以及该评估中提出的法医精神卫生问题。

4. 避免不必要的延误，并对所发生的延误承担责任。必须准时赴约，认真谨慎地提供报告，并履行所有其他职责。但是，坏事的确会发生：当它们发生时，要接受，并从中吸取教训。

5. 清晰沟通。避免不必要的术语使沟通模糊，考虑目标受众将如何接收和感知您的交流，即使受众仅有一个人。使消息简单，尽可能减少误解和混淆。

6. 及时回复电话和相关通讯。要知道，当有人打电话给您，给您发送电子邮件或通过其他方式与您通信时，他认为这样做是很重要且必要的。在合理的范围内，应尽可能缩小通讯间隔，尽快回复。如果您不喜欢某种特定的交流方式（例如电子邮件），请在开始专业关系时向他人明确您的交流偏好，并也尝试适应您的交流者的偏好。

7. 时间很宝贵，不要浪费。时间管理是一种技巧，对某些人比对其他人更容易。浪费时间会浪费资源：您自己的和专业领域中其他人的。花一些时间学习管理它。

为了说明精神卫生专业对有效的法医报告撰写的日益增长的需求，我们在编写本书时所付出的努力是必要的。

　　我们告诫我们的读者，仅仅粗读这本书不能真正满足这类报告的需求。本书中列出的各种报告不能匆忙地撰写然后又在要求严格的使用环境中站得住脚。在撰写所有法证报告时都必须小心谨慎，当然在精神卫生领域更是如此。而且，与任何书面文件一样，笔者必须始终意识到预期的读者对象。法官、律师、其他心理健康专业人员、社会工笔者和其他人员构成听众的一部分，他们不仅需要被告知，而且实际上需要被文件的内容说服。

　　最后，当然，报告的内容和形式都代表着笔者的知识和专业水平。

　　归根结底，就像律师的"时间就是他的交易存量"（引自亚伯拉罕·林肯，1860 年）一样，法医精神卫生专家关于发现、印象和观点的书面报告代表着他实践的最重要的部分。从律师谈判角度，作为参阅材料和专家鉴定的多个组成部分的记录（类似于律师的审判笔记本）；不论是作为在现场、录像、录音或电话作证中形成法医精神卫生专业人员的专家意见的文件，还是从这些文件也构成专家直接作证和盘问的基础角度看，都不能低估法医精神卫生专业人员书面报告的重要性。

　　通过提供实用的操作手册来撰写有说服力、令人信服且井井有条的报告，我们希望减少对"进入这里的所有人"的恐惧和忧虑——因为法医精神健康实践常常使人感到焦虑——使所有参与美国司法系统的相关人员（包括精神卫生专业人员，法律和法院专业人员以及其他许多人）都可以更轻松一些地进行工作。

附录 A

词汇表：精神卫生专业主要首字母缩写

为了方便读者，笔者提供了本书中使用的首字母缩写词词汇表。

AD/HD 注意缺陷/多动症

ADL 日常生活活动

AUDIT 酒精使用障碍识别测试

BAC 血液酒精浓度

BAC 血液中酒精含量

BDI-Ⅱ 贝克抑郁量表，第二版

BWS 受虐妇女综合症

CCSE 认知能力筛查检查表

CST 受审能力

CVA 脑血管意外（中风）

DAST 药物滥用筛查测试

DSM-IV-TR《精神疾病诊断和统计手册，第四版，文本修订版》

DUI 酒驾

GAF 总体功能评估

GSW 枪伤

LOP 特权级别

MAST 密歇根州酒精筛选测试

MCMI-Ⅲ 米伦临床多轴清单，第三版

MI 心肌梗死（心脏病发作）

MMPI-Ⅱ 明尼苏达州多相人格量表，第二版

MMSE 简明精神状态检查表

NGRI（或 NGI）因精神错乱而无罪（取决于司法管辖区使用情况）

PTSD 创伤后应激障碍

SDP 性危险者

SVP 性暴力捕食者

附录 B1
撰写法医精神病鉴定报告相关
书籍和专著清单

大约在过去十年中，有关法医心理学、精神病学和其他心理健康科学的书籍出版蓬勃发展，无论是具体专业书籍还是百科全书。对于这个领域的新人来说，在他们努力进行基于临床的法医精神病/心理评估，并将这些评估体现在书面报告中的过程中，这类出版物的出现可能令他们感到困惑。

以下是这些书籍和专著的精选清单，这些书籍和专著对笔者撰写法医精神病学评估报告，对笔者研究法医精神病学和心理学各个领域的许多主题，以及进行法医精神病学和心理学教学工作很有帮助。

此列表绝不是详尽无遗的。有兴趣的读者也可以查阅相关的网站（附录 B3），以获得在这些领域中出版的有关书籍和专著的更多信息。

Alexander, G. J. , & Scheflin, A. W. （Eds. ）. （1998）. *Law and mental disorder*. Durham, NC：Carolina Academic Press.

Arrigo, B. A. , & Shipley, S. L. （2005）. Introduction to *Forensic psychology：Issues and controversies in law , law enforcement and corrections* （2nd ed. ）. New York：Elsevier Academic Press.

Babitsky, S. , Mangraviti, J. J. , & Melhorn, J. M. （2004）.

Writing and defending your IME report: The comprehensive guide. Falmouth, MA: SEAK.

Bradford, J. M. W. (Ed.). (1992, September). Clinical forensic psychiatry. *The Psychiatric Clinics of North America*, 15 (3), ii-741.

Bursten, B. (2001). *Psychiatry on trial: Fact and fantasy in the courtroom.* Jefferson, NC: McFarland.

Curran, W. J., McGarry, A. L., & Shah, S. A. (1986). *Forensic psychiatry and psychology.* Philadelphia: F. D. David.

Dershowitz, A. M. (1994). *The abuse excuse and other cop-outs, sob stories, and evasions of responsibility.* Boston: Little, Brown.

Dorran, P. B. (1982). *The expert witness.* Washington, DC: Planners Press.

Dupont, R. L. (Ed.). (2000). *Forensic issues in addiction medicine.* Chevy Chase, MD: American Society of Addiction Medicine.

Faust, D., Ziskin, J., & Hiers, J. B. (1991). *Brain damage claims: Coping with neuropsychological evidence.* Los Angeles: Law and Psychology Press.

Geiselman, R. E. (1996). *Eyewitness expert testimony: Handbook for the forensic psychiatrist, psychologist and attorney* (2nd ed.). Balboa Island, CA: ACFP Press.

Geiselman, R. E. (Ed.). (2004). *Psychology of murder: Readings in forensic science.* Balboa Island, CA: ACFP Press.

Godwin, G. M. (Ed.). (2001). *Criminal psychology and forensic technology: A collaborative approach to effective profiling.* Boca Raton, FL: CRC Press.

Gold, L. H. (2004). *Sexual harassment: Psychiatric assessment in employment litigation.* Washington, DC: American Psychiatric Publishing.

Greenfield, D. P. (1995). *Prescription drug abuse and dependence: How prescription drug abuse contributes to the drug abuse epidemic.* Springfield, IL: Charles C. Thomas.

Gunn, J., & Taylor, P. J. (Eds.). (1993). *Forensic psychiatry: Clinical, legal and ethical issues.* London: Butterworth Heinemann.

Gutheil, T. G., & Applebaum, P. S. (2005). *Clinical handbook of psychiatry and the law* (4th ed.). Baltimore, MD: Lippincott, Williams & Wilkins.

Gutheil, T. G., & Simon, R. I. (2002). *Mastering forensic psychiatric practice: Advanced strategies for the expert witness.* Washington, DC: American Psychiatric Publishing.

Insanity Defense Work Group. (1984). *Issues in forensic psychiatry.* Washington, DC: American Psychiatric Press.

Katz, J., Goldstein, J., & Dershowitz, A. M. (1967). *Psychoanalysis, psychiatry and law.* New York: The Free Press.

McDonald, J. J., & Kulick, F. P. (Eds.). (2001). *Mental and emotional injuries in employment litigation* (2nd ed., with 2006 Supplement). Washington, DC: BNA Press.

Melton, G. B., Petrila, J., Poythress, N. G., & Slobogin, C. (1997). *Psychological evaluations for the courts: A handbook for mental health professionals and lawyers* (2nd ed.). New York: The Guilford Press.

Monahan, J., Steadman, H. J., et al. (2001). *Rethinking*

risk assessment: The Macarthur study of mental disorder and vio-lence. New York: Oxford University Press.

Moran, R. (Ed.). (1985, February). The insanity defense. *The Annals of the American Academy of Political and Social Science,* 477, 9-190.

Perlin, M. L. (1999). *Mental disability law: Cases and mate-rials.* Durham, NC: Carolina Academic Press.

Price, D. R. , & Lees-Haley, P. R. (Eds.). (1995). *The insurer's handbook of psychological injury claims.* Seattle, WA: Claims Books.

Resnick, P. J. (Ed.). (1999). Forensic psychiatry. *The Psy-chiatric Clinics of North America,* 22 (1), 1-219.

Rogers, R. , & Shuman, D. W. (2005). *Fundamentals of fo-rensic practice: Mental health and criminal law.* New York: Springer Science and Business Media.

Rosner, R. (Ed.).(2003). *Principles and practice of forensic psychiatry* (2nd ed.). London: Arnold.

Sadoff, R. L. (1975). *Forensic psychiatry: A practical guide for lawyers and psychiatrists.* Springfield, IL: Charles C. Thomas.

Sadoff, R. L. (Ed.). (1983, December). Forensic psychia-try. *The Psychiatric Clinics of North America,* 6 (4), 1-783.

Schetky, D. H. , & Benedek, E. T. (Eds.). (2002). *Principles and practice of child and adolescent forensic psychiatry.* Washi-ngton, DC: American Psychiatric Publishing.

Schlesinger, L. B. (Ed.). (2000). *Serial offenders: Current thought, recent findings.* Boca Raton, FL: CRC Press.

Shuman, D. W. (1986). *Psychiatric and psychological evidence.*

New York: McGraw-Hill.

Simon, R. I. (2001). *Concise guide to clinical psychiatry and the law* (3rd ed.). Washington, DC: American Psychiatric Publishing.

Simon, R. I. (Ed.). (2003). *Posttraumatic stress disorder in litigation: Guidelines for forensic assessment* (2nd ed.). Washington, DC: American Psychiatric Publishing.

Simon, R. I., & Gold, L. H. (2004). *Textbook of forensic psychiatry.* Washington, DC: American Psychiatric Publishing.

Simon, R. I., & Shuman, D. W. (Eds.). (2002). *Retrospective assessment of mental states in litigation: Predicting the past.* Washington, DC: American Psychiatric Publishing.

Slovenko, R. (1998). *Psychotherapy and confidentiality: Testimonial privileged communication, breach of confidentiality, and reporting duties.* Springfield, IL: Charles C. Thomas.

Slovenko, R. (2002). *Law in psychiatry, psychiatry in law.* New York: Brunner-Rutledge.

Spring, R. L., Lacoursiere, R. B., & Weissenberger, G. (1989). *Patients, psychiatrists and lawyers: Law and the mental health system* (1991 Supplement). Cincinnati: Anderson.

Stone, A. A. (1975). *Mental health and law: A system in transition.* Rockville, MD: National Institutes of Mental Health.

Thenor, F. (2004). *Civil and criminal mental health law: A companion reference for forensic experts and attorneys. The essential cases.* Balboa Island, CA: ACFP Press.

Wrightsman, L. S. (2001). *Forensic psychology.* Stamford, CT: Wadsworth Thomson Learning.

Wrightsman, L. S. , Nietzel, M. T. , & Fortune, W. H. （1998）. *Psychology and the legal system* （4th ed. ）. Pacific Grove, CA: Brooks/Cole.

Wulach, J. S. （1998）. *Law and mental health professionals: New Jersey* （2nd ed. ）. Washington, DC: American Psychological Association.

Ziskin, J. , & Faust, D. （1988）. *Coping with psychiatric and psychological testimony* （4th ed. ）. Los Angeles: Law and Psychology Press.

附录 B2

撰写法医精神病鉴定报告相关法律和心理健康主题期刊

精神病学、心理学、其他心理健康科学、社会学、犯罪学和法律方面的专业文献充满了涉及法医精神病学广泛主题的普通和专门期刊。

以下是一些一般性和交叉性（特别涉及法律和心理健康主题）精选期刊的列表，其中包括对撰写法医学精神病学评估报告，以及在法医精神病学、心理学和法律的各个领域进行研究发表文章以及进行教学特别有帮助的期刊。

此列表绝不是详尽无遗的。有兴趣的读者还可以访问相关的网站（附录 B3），以获取有关这些领域中期刊出版物的其他信息。

· *American Journal of Forensic Psychiatry*

· *American Journal of Forensic Psychology*

· *American Journal of Psychiatry*（official journal of the American Psychiatric Association）

· *American Psychologist*（official journal of the American Psychological Association）

· *Behavioral Science and the Law*

· *British Journal of Psychiatry*（official journal of the British Psychiatric Association）

· *British Journal of Psychology* (official journal of the British Psychological Association)

· *British Journal of Psychological Medicine*

· *Journal of the American Academy of Psychiatry and Law*

· *Journal of Forensic Psychiatry* (British)

· *Journal of Forensic Sciences* (multidisciplinary , with periodic forensic psychiatry articles; the official journal of the American Association of Forensic Sciences)

· *Journal of Psychiatry and Law*

· *Law and Human Behavior*

· *The Neurolaw Letter* (a newsletter)

附录 B3
精神卫生专业人员的互联网资源

关于法医精神卫生主题和问题的第三种信息来源，互联网，有成百上千的条目、标题和指向其他站点的链接。其中许多资源可能对于读者进行案例研究、报告编写都有用。但是，与对互联网的任何此类资源使用一样，互联网来源的可靠性可能令人怀疑。互联网来源可能未经过同行评审或广泛接受，甚至可能是网站笔者的特有想法。例如，请参阅安德鲁·基恩（Andrew Keen）的《业余爱好者的崇拜：当今的互联网如何杀死我们的文化》（纽约：双日出版社，2007 年）。

为此目的而使用互联网的用户应注意这一警告。根据我们的经验，在这些领域中，最有用的互联网资源通常是那些具有学术性质的资源（例如大学和法学院）、政府站点、与该领域的已发表作品相关的站点，以及与同行评审相似的其他此类站点或印刷媒体上的评审作品。

谨记上述注意事项，附录 B3 列出了许多有关法医心理健康以及法律主题和问题的网站，这可能对本书的读者有用。

Academy of Behavioral Profiling［ABP］：www. profiling. org

American Academy of Forensic Psychology：www. abfp. com

American Academy of Psychiatry and the Law：www. aapl. org

American College of Forensic Examiners：www. acfe. com

American College of Forensic Psychiatry：www. forensicpsych-iatry. cc

American Journal of Forensic Psychiatry：www. forensicpsychon-line. com/jrnl. htm

American Psychiatric Association：www. psych. org

American Psychological Association：www. apa. org

American Psychological Association/Ethical Principles for Psy-chologists：www. apa. org/ethics/code2002. pdf

American Psychology-Law Society［AP-LS］：www. ap-ls. org

American Society of Criminology：www. asc41. com

Anuario de Psicología Jurídica：www. copmadrid. org/publicacio-nes/juridica/juridica. htm

Australian and New Zealand Journal of Criminology：www. inge-ntaconnect. com/content/aap/anzjc；jsessionid = rvuc9d-hq2g6e. alice

Bazelon Center for Mental Health Law：www. bazelon. org

Behavioral Sciences and the Law：www3. interscience. wiley. com/cgi-bin/ jhome/3512？ CRETRY = 1&SRETRY = 0

British Journal of Criminology：bjc. oxfordjournals. org

Canadian Journal of Criminology：www. ccja-acjp. ca/en/cjc. html

Canadian Journal of Law and Society：www. rcds-cjls. uqam. ca/index_ en. htm#a

Canadian Law and Society Association：www. rcds -cjls. uqam. ca/index_ en. htm

Carpenter's Forensic Science Resources：www. tncrimlaw. com/forensic/ f_ psych. html

Child Abuse and Neglect：www. elsevier. com/wps/find/journaldescription. cws_home/586/description

Child Abuse Review: www3. interscience. wiley. com/cgi – bin/ jhome/5060

Children and Society: www3. interscience. wiley. com/cgi – bin/ jhome/4805

Crime and Delinquency: cad. sagepub. com

Criminal Behaviour and Mental Health: www3. interscience. wiley. com/ cgi – bin/jhome/112094296

Criminal Justice and Behavior: cjb. sagepub. com

Criminal Justice Links, including a section on juvenile delinquency sites: www. criminology. fsu. edu/p/cjl – main. php

Criminologia. it, journal on the theory and science of criminology: www. criminologia. it

Criminologia. org, Telematic Journal of Clinical Criminology: www. criminologia. org/rivista/rivista_ cronaca. htm

Criminologie: www. erudit. org/revue/crimino

Criminology: An Interdisciplinary Journal: www. asc41. com/ publications. html

Derecho Medico by Julio César Galán Cortés, with information on Spanish law regarding malpractice and medical responsibility as well as forums on HIV, confidentiality, informed consent, etc. : www. terra. es/personal/ jcgalan

Ethical Guidelines for the Practice of Forensic Psychiatry: www. aapl. org/pdf/ETHICSGDLNS. pdf

European Association of Psychology and Law [EAPL]: www. law. kuleuven. ac. be/eapl

Findlaw Internet Legal Resources, including Law Crawler and

directory of government officials: www. findlaw. com

Forensic Psychiatry Site of Harold J. Bursztajn, MD: www. fore-nsicpsych. com

Forensic Psychology and Psychiatry Links of David Willshire: members. optusnet. com. au/dwillsh

Forensische Psychiatrie und Psychotherapie: www. wsfpp-forensik. de

Forenzic. com: www. forenzic. com

Institute of Law, Psychiatry and Public Policy, at the University of Virginia: www. ilppp. virginia. edu

The Institute of Mental Health Law specializes in all aspects of the British Mental Health Act of 1983: www. imhl. com

International Academy of Law and Mental Health [IALMH]: www. ialmh. org

International Association of Forensic Mental Health Services [IAFMHS]: www. iafmhs. org

International Association for Forensic Psychotherapy [IAFP]: forensic psychotherapy. com

The Journal of Credibility Assessment and Witness Psychology: truth. boisestate. cdu/jcaawp/default. html

Law and Psychology Review, the annual journal of the University of Alabama School of Law: www. law. ua. edu/lawpsychology

Law and Society Association [LSA]: www. lawandsociety. org/

Law and Society Review: www. lawandsociety. org/review. htm

National Organization of Forensic Social Work [NOFSW]: www. nofsw. org

Página Forense: www. arrakis. es/-jacoello/inicial. html

Psicologia Giustizia: www. psicologiagiuridica. com

PsyBar, LLC, a national professional services company offering psychological and psychiatric experts to law firms, courts, corporations, insurance companies, and government agencies: www. psybar. com

Psychiatry and Law Updates by William H. Reid, MD, MPH, an educational and communication service for professionals, with commentary on recent developments and links to resources: www. reidpsychiatry. com

Reddy's Forensic Page, large compilation of links on various forensic topics: www. forensicpage. com

Rominger Legal has a comprehensive set of links to federal and state resources, organizations, professional directories and law categories, such as divorce, criminal, bankruptcy, etc. : www. romingerlegal. com

Zeno's Forensic Site, with special section on psychiatry and psychology: www. forensic. to/forensic. html

附录 B4
关于法医精神病鉴定报告的参考文献和文章

认识到"达到目的的方法不止一种"以后，（再参考）下面有关撰写法医精神病学和心理报告的文章和章节的列表。这些材料对本书的第一笔者丹尼尔·P. 格林菲尔德（医学博士，公共卫生学硕士和理学硕士）多年来撰写法医报告中特别有用。

其中一些文章讨论了不同的方法、样式和格式。但是，归根结底，所有人都同意为法律系统服务的司法鉴定报告是基于临床基础和临床信息的，而不是法律文件。

Brakel, S. J. (1992, July). Legal tips for writing the psychological report in child custody and visitation cases. *Psychiatric Annals*, *22* (7), 387–395.

Garrick, T. R., & Stotland, N. L. (1982, July). How to write a psychiatric consultation. *American Journal of Psychiatry*, *139* (7), 849–855.

Gutheil, T. G. (1998). Writing to and for the legal system. In T. G. Gutheil, *The psychiatrist as expert witness* (chapter 8, pp. 101–110). Washington, DC: American Psychiatric Press.

Hoffman, B. H. (1986, February). How to write a psychiatric report for litigation following a personal injury. *American Journal of*

Psychiatry, *143* (2), 164-169.

Melton, C. B. , Petrila, J. , Poythress, N. G. , & Slobogin, C. (1997). Report writing. In C. B. Melton et al. , *Psychological evaluations for the courts* (2nd ed. , section 18. 03, pp. 523 - 527). New York: The Guilford Press.

Morrant, J. C. A. (1982, October 15). Family practice: How often do you receive a good psychiatric report? *CMA Journal*, *127*, 697-698.

Silva, J. A. , Weinstock, R. , & Leony G. B. (2003). Forensic psychiatric report writing. In R. Rosner (Ed.), *Principles and practice of forensic psychiatry* (2nd ed. , chapter 4, pp. 31 - 36). London: Arnold.

Wettstein, R. (2004). The forensic examination and report. In R. I. Simon & L. H. Gold (Ed.), *Textbook of forensic psychiatry* (chapter 7, pp. 139-159, esp. 154-158). Washington, DC: American Psychiatric Publishing.

附录 C

法医精神卫生评估中的测试、清单、调查以及其他此类评估工具的使用

在法医精神卫生评估中使用各种测试、清单、调查以及其他此类工具和调查，可能会以多种方式对鉴定人员有用，它们已被推荐并已在本书讨论的评估报告中使用。因此，可以将测试和评估工具的使用视为法医精神卫生专业人员进行的临床指导面谈/检查的补充或辅助。

表 C.1 列出了司法鉴定中应用的几种测试。

C.1 法医心理卫生应用的评估中测试、清单、调查和其他工具

1. 获得除临床访谈和检查（调查）之外的其他历史信息
2 标准化的数据和资料，以比较受试者与人群中的其他人（标准化测试）
3. 用于随访目的并监视一段时间内的变化（所有测试）
4. 评估受试者的畸形和诈病（参见明尼苏达州多相人格量表，第二版）

从临床角度来看，辅助测试和研究由多种技术、医学方法、科学技术和仪器组成。表 C.2 概述了这些不同的方法和技术，

分为四大类。

C.2 临床测试方法和技术

1. 体液/实验室检查（血液，尿液，唾液，汗液，精液）

2. 电子诊断测试（心电图，脑电图，肌电图，脑电仪图，神经传导研究）

3. 射线照相和成像技术（诊断性 X 射线，CT 和核磁共振扫描，心肌核素断层显像扫描等）

4. 心理/神经心理测验、调查、问卷和其他标准化和非标准化的测试和清单（"纸笔"测试）

仅最后一类测试和评估工具——"纸笔"测试——测试文献就包括多年来已经发展起来的数千种测试（例如，心理、职业、教育、神经、神经心理学等许多领域）。即使对范围很小的具有代表性的可用测试的示例进行回顾也显然都超出了本附录和本书的范围。

但是，出于当前的目的，"纸笔"测试、清单、调查和其他工具仍可以几种方式进行分类。这些是：

（a）标准化与非标准化测试；（b）自我报告测试与由心理技术人员、心理学家和其他专业人员施测、评分和解释的测试；（c）对测试和相关数据收集的调查与基于人格和诊断概念的构想，以及美国精神病学协会的《精神障碍诊断和统计手册，第四版，文本修订版》（即《精神疾病诊断和统计手册，第四版，文本修订版》，2000 年）中所介绍和讨论的构想对被试者进行的心理测试的调查。本书的第一笔者通常将这些测试作为成套非标准化测试进行管理，包括在转介给心理学家进行类别（b）测试，也包括类别（a）和（c）中的测试。

表 C.3 列出了该套测验中的各个测试，并指出了每个测试分属的类别和类型。这些测试和清单的简要摘要如下：

> ### C.3 本书中使用的成套非标准化测试
>
> 1. 明尼苏达州多相人格问卷，第二版，即 MMPI-2（标准化）
>
> 2. 米伦临床多轴清单，第三版，即 MCMI-Ⅲ（标准化）
>
> 3. 贝克抑郁量表（第二版）即 BDI-Ⅱ（标准化）
>
> 4. 成瘾评估问卷（非标准化；调查）
>
> 5. 密歇根州酒精筛查测试即 MAST（标准化；调查）
>
> 6. 药物滥用筛查测试即 DAST（标准化；调查）
>
> 7. 酒精使用障碍识别测试即 AUDIT（标准化；调查）
>
> 8. 简明精神状态检查表即 MMSE（标准化；由法医心理健康专业人员施测）
>
> 9. 认知能力筛查表即 CCSE（标准化；由法医精神卫生专业人员施测）
>
> 10. 既往病史即 PMH（非标准化；调查）

1. MMPI-2 是一个包括 567 个项目或 567 个问题的标准化心理客观人格评估清单，用于形成测试对象相较于一般人群或特殊人群（例如，矫正人员）的临床特征。此测试包含可以识别失真，夸张和不一致的响应。这些失真，取决于其性质、程度和模式，可以解释为"感觉良好"或"感觉不好"。该测试可以由计算机评分和解释，也可以由心理学家或心理技术人员手工评分和解释。

2. MCMI-Ⅲ 与 MMPI-2 类似，但判断正误项目或问题较少；175 个项目。此清单也是标准化的心理客观人格清单。与 MMPI-2 不同，该测试无法评估情感。本书的第一笔者格林菲尔德博士同时使用 MMPI-2 和 MCMI-Ⅲ 作为交叉检查之用。

3. BDI-Ⅱ是一种针对抑郁症状的标准化自我报告测试，该测试要求被试者对测试项目以自进行测试之日（包括当日）起之前的两周以来的情况作出回应。

4. 成瘾评估调查表是一种非标准化的调查工具，用于获取化学物质依赖和治疗（化学物质依赖和/或精神病）史。

5. MAST是一种标准化的自我报告测试工具，旨在比较被试者的饮酒史和使用该工具的其他人的饮酒史（即，获取有关被试者关于饮酒史的规范化统计流行病学数据）。

6. DAST与MAST类似，但侧重于测试药物使用而不是酒精使用。它也可以获取有关被试者报告的药物使用测试的规范性统计流行病学数据。

7. AUDIT是另一种自我报告的标准化工具，旨在比较测试者的饮酒历史和使用该工具测量的其他人的饮酒历史。本书的第一笔者格林菲尔德博士同时使用MAST和AUDIT进行相互检查。

8. MMSE是一种标准化的认知筛查工具，实际上是一种简单的IQ测验，用于确定被试者的基本认知能力水平（即，是否进行法医面谈/检查）。它还提供了规范性数据，使施测者可以根据标准评分将测试划分为轻度、中度和重度认知障碍。它由心理医生或心理学家施测。

9. CCSE与MMSE类似。两者都被第一笔者用作相互检查的对象。

10. PMH清单是一种非标准化的调查工具，既可以自我报告，也可以由精神病医生或心理学家进行施测，以补充评定人所采取的病历，并与受试者检查和/或提供的记录中包含的信息进行交叉核对。

辅助使用本附录中介绍的评估工具对于法医精神卫生专业

人员进行评估可能非常有用。

　　文献中充满了对这些工具、及其范围和功能、相关方法、它们如何操作以及附录 C 中提供的其他信息的讨论。

　　但是，归根结底，精神卫生专业人员针对本书所讨论问题的类型和范围进行的法医评估是基于临床，并且依赖于临床方法论和方法。尽管本附录中介绍和讨论的工具可以为法医检查员提供辅助或补充信息，但它们不应也不能替代法医精神卫生评估的临床核心以及对受试者的面谈/检查。

索　引

图书在版编目（ＣＩＰ）数据

撰写司法鉴定报告：精神卫生专业人员指南/（美）丹尼尔·P.格林菲尔德，（美）杰克·A.戈特沙克著；胡纪念译.—北京：中国政法大学出版社，2020.9

书名原文：Writing Forensic Reports A Guide for Mental Health Professionals

ISBN 978-7-5620-9665-8

Ⅰ.①撰… Ⅱ.①丹… ②杰…③胡… Ⅲ.①法医精神病学－司法鉴定－法律文书－写作－指南 Ⅳ.①D916.13-62

中国版本图书馆 CIP 数据核字（2020）第 201281 号

出 版 者　中国政法大学出版社

地　　址　北京市海淀区西土城路 25 号

邮寄地址　北京 100088 信箱 8034 分箱　邮编 100088

网　　址　http://www.cuplpress.com（网络实名：中国政法大学出版社）

电　　话　010-58908285（总编室）58908433（编辑部）58908334（邮购部）

承　　印　固安华明印业有限公司

开　　本　880mm×1230mm　1/32

印　　张　8.875

字　　数　207 千字

版　　次　2020 年 9 月第 1 版

印　　次　2020 年 9 月第 1 次印刷

定　　价　38.00 元